AF536079

Merve
Verlag

Paul Virilio

Geschwindigkeit und Politik

Ein Essay zur Dromologie

Aus dem Französischen übersetzt
von Ronald Voullié

Merve Verlag Berlin

Titel der Originalausgabe: "Vitesse et Politique"
Essai de Dromologie, Paris: éditions galilée, 1977

 Printed in Germany.Druck und Bindearbeiten: Dressler, Berlin.Umschlagentwurf: "Betrieb", Köln.

ISBN-Nr. 3-88396-010-1

INHALT

"Ich möchte kein Überlebender sein."
Jean Mermoz.

I. DIE DROMOKRATISCHE REVOLUTION

1. Vom Recht auf die Straße zum Recht auf den Staat

> "Die Menge der Individuen, welche selbst ein kleiner Kriegshaufe dem Auge darstellt, verbunden zu einer langen, mühevollen gemeinschaftlichen Reise...".
>
> Clausewitz 1806

In allen Revolutionen gibt es ein paradoxes Vorhandensein von Verkehr (Zirkulation). Im Juni 1848 bemerkt Engels: "Die Boulevards, die grosse Pulsader des Pariser Lebens, waren der Schauplatz der ersten Zusammenscharungen."[1] Weniger als ein Jahrhundert später notiert Weber anläßlich der Ermordung von Rosa Luxemburg und K. Liebknecht, als ob es sich um die Folge einer Kollision oder einer Karambolage handelte: "Sie haben die Straße aufgerufen und die Straße hat sie getötet."[2] Die Masse ist kein Volk und keine Gesellschaft, sondern eine Vielzahl von Passanten; das revolutionäre Kontingent gewinnt seine ideale Gestalt nicht an den Produktionsstätten, sondern auf der Straße, wenn es aufhört, ein technisches Relais der Maschine zu sein, und selber zum Motor (Angriffsmaschine) wird, das heißt zum *Produzenten von Geschwindigkeit*.

Für die Menge der Arbeitslosen, die de-mobilisierten und beschäftigungslosen Arbeiter, ist Paris zu einem Netz unendlicher Wanderungen und zu einer Folge von Straßen und Alleen geworden, wo sie den größten Teil ihrer Zeit ohne Ziel und Bestimmung herumirren, bedroht von polizeilicher

Repression, die ihr Vagabundentum kontrollieren soll.Für verschiedene revolutionäre Gruppen,wie die Apachen[3] und andere verrufene Bevölkerungsschichten der Vorstädte, geht es, wenn es soweit ist, nicht darum dieses oder jenes Bauwerk zu besetzen, sondern *die Straße zu halten.*
Während der von den Nationalsozialisten 1931 geführten Kämpfe gegen die marxistischen Parteien in Berlin schreibt Goebbels:"Wer die Straße erobern kann,...der erobert damit den Staat."[4]
Der Asphalt wäre also das politische Territorium? Ist die Macht des bürgerlichen Staates die Strasse oder auf der Straße? Liegt seine virtuelle Kraft und seine Gewichtigkeit also an den Orten intensiven Verkehrs und auf den Wegen schnellen Transportes?
Goebbels schreibt anläßlich der Kämpfe um Berlin weiter: "Der ideale Militante ist ein Kämpfer in der braunen Armee als *Bewegung*...der einem Gesetz gehorcht, das er manchmal selber nicht kennt, aber das er im Traum aufsagen kann... so haben wir fanatische Wesen *in Marsch gesetzt...*"[5]
Er vergleicht dann wissenschaftlich die Aufzeichnungen seiner verschiedenen Reden, die er in der Provinz und später in Berlin gehalten hat, und stellt fest: "Berlin ist bevölkerungspolitisch gesehen ein Konglomerat von Masse; wer hier etwas werden will, der muß eine Sprache sprechen, die die Masse versteht,... eine neue und moder ne Sprache..."[6]
"Das Tempo der 4-Millionen-Stadt zitterte wie ein heißer Atem durch die rhetorischen Deklamationen der gesamten reichshauptstädtischen Propaganda. Es wurde hier eine neue und moderne Sprache gesprochen, die nichts mehr mit altertümlichen, sogenannten völkischen Ausdrucksformen zu tun hatte. ... Die moderne Lebensauffas-

sung der Partei suchte und fand hier auch einen modernen, mitreißenden Stil."[7]
Im Aufruhr (émeute) bildete sich wieder die Meute (und zwar die ursprüngliche von Räubern/Jägern); die Banden "ehemaliger Soldaten" der Arbeiterarmee, ihre Dromomanen[8], zu führen, bedeudeutet für den Führer, sie aufzuhetzen und "sie zum Angriff anzustacheln, wie eine Meute von Hunden", wie bereits Saint-Just präzisierte; es bedeutet, die Bahn der mobilen Masse durch rauhe Methoden der Stimulation zu rhythmisieren: eine polemische Symphonie, die in Intervallen, von hier und von dort, polyphon und multicolor gesendet wird und die wie Ampeln und Verkehrsregeln die Aufgabe hat, den Zusammenstoß und den Schock des Unfalls beschleunigt herbeizuführen, letztes Ziel der Straßendemonstration und des städtischen Chaos. "Die Propaganda muß direkt durch das Wort und das Bild gemacht werden, nicht durch die Schrift"[9], bestätigt auch Goebbels, der selber ein Förderer des Audio-Visuellen in Deutschland war. Die Zeit des Lesens impliziert auch Zeit zum Nachdenken, eine Verzögerung, welche die dynamische Wirksamkeit der Masse zerstört. Wenn die Meute zufällig einmal in ein monumentales Bauwerk eindringt, so wird dieses sehr schnell in einen Durchgangsort umgewandelt, den jeder betritt und verläßt, wo jeder rein- und rausschafft,- es ist die Besetzung durch eine hastige Horde, eine Plünderung um der Plünderung willen, wie man noch 1975 während des Falls von Saigon beobachten konnte.
Während der ganzen Geschichte gibt es ein nicht genanntes und nicht entdecktes revolutionäres Umherirren, die Herausbildung eines ersten gemeinsamen Transportes*, gerade dieser ist die Re-

* frz.'transport'-dt.'Transport','Verkehr','Beförderung', auch 'leidenschaftliche Aufwallung'.

volution selber. Auch die alte Überzeugung, daß "jede Revolution in der Stadt stattfindet", aus der Stadt kommt, oder der Ausdruck "Diktatur der Commune von Paris", der seit den Ereignissen von 1789 gebraucht wird, suggerieren nicht so sehr den klassischen Gegensatz Stadt/Land, sondern den Gegensatz Stillstand/Verkehr.
Entgegen dem, was die Stadtpläne zeigen, ist die Stadt hauptsächlich nicht als eine menschliche Wohnstätte geplant worden, die von einem schnellen Verkehrsweg (Fluß, Fernstraße, Küste, Eisenbahn, ...) durchkreuzt wird; anscheinend hat man vergessen, daß die Straße nur eine Fernstraße ist, die eine Zusammenballung durchquert, obwohl uns doch jeden Tag die Verordnungen zur "Geschwindigkeitsbeschränkung" von Fahrzeugen in der Stadt an die Kontinuität von Ortsveränderung und Bewegung erinnern, welche allein durch das Gesetz der Geschwindigkeit erzeugt wird. Die alte Stadt (Cité) ist nur eine Unterbrechung , ein Punkt auf der synoptischen Bahn, ein altes militärisches Glacis, ein Scheideweg, eine Grenze oder ein Ufer, wo sich der Anblick von Fahrzeugen und deren Geschwindigkeit der Ortsveränderung instrumentell miteinander verbinden; wie ich bereits vor geraumer Zeit gesagt habe[10], gibt es nur eine *bewohnbare Zirkulation,* was heute in Japan zum Beispiel besonders sichtbar ist an diesen gewaltigen revolutionären Straßenschlachten, die sich auf den einfachen Zusammenstoß und die Provokation des Zusammenstoßes mit den städtischen Ordnungskräften reduzieren, wo die übertrainierte Masse der Militanten mit audio-visuellen Apparaten, Kameras, Tonbändern etc. bewaffnet ist. Da sie sich des kinetischen Charakters ihrer Aktion bewußt sind, liegt der kurze Augenblick ihrer Präsenz darin, daß sie die Passanten, für die das Parkverbot mit dem Versammlungsverbot zusam-

menhängt, filmen und aufzeichnen, wobei sie selber nahezu von der Straße verschwunden sind. Ebenso ist man über die so aufschlußreiche Parole der Aufständischen von 1848 hinweggegangen: Verzweifelte Massen, schreibt Engels, die Brot und Arbeit oder den Tod verlangen.[11] In Wirklichkeit war die Parole dieser "Arbeiterbataillone", wie man sie nannte, die gewaltsam in die Provinz deportiert oder zur Armee eingezogen werden sollten: " Wir bleiben!"... wir bleiben stehen! Die sozialistische Utopie des 19. Jahrhunderts wie auch die demokratische Utopie der antiken Agora wurden buchstäblich in der riesigen Baustelle der städtischen Konstruktion begraben, wobei der grundlegende anthropologische Aspekt der Revolution und der Proletarisierung verdunkelt wurde: das Phänomen der Wanderung, der Migration.
Am 21. September 1788 notiert Arthur Young in seinem berühmten Tagebuch: "Nach meiner Ankunft in Nantes ging ich in die Komödie. Das Schauspielhaus ist von schönen weißen Steinen neu erbauet,... Es war Sonntag und daher sehr voll. Himmel! rief ich aus, so führen denn alle jene Wüsten, Einöden, Heiden, Disteln, Ginstern und Moräste, durch die ich 300 Meilen weit gereist bin, zu einem solchen Schauspiele! Wie wunderbar ist es, daß aller Glanz und Reichtum der Städte in Frankreich so wenig mit dem Lande in Verbindung steht!... Von der tiefsten Armuth geht man sogleich zum Ueberfluß über - vom Elend in Lehmhütten zu ... den glänzendsten Schauspielen für 500 Livres auf einen Abend."[12]
Die neue Stadt mit ihrem Reichtum, mit ihren bis dahin unbekannten technischen Errungenschaften, ihren Universitäten und Museen, ihren Kaufhäusern und ständigen Festen, ihrem Komfort, mit ihrem Wissen und ihrer Sicherheit erschien als ein idealer fester Punkt, an dem sich eine anstrengen-

de Reise vollendete, als ein letzter Hafen der Wanderung der Massen und ihrer Hoffnungen nach einer gefahrvollen Überfahrt, so daß man bis in die jüngste Zeit Urbanes und Urbanität vermengte und einen Straßen- und Eisenbahnknotenpunkt für einen Ort hielt, an dem ein gesellschaftlicher und kultureller Austausch stattfindet: man nahm eine Kreuzung für den Weg des Sozialismus.
Wenn die Gemeinden die Fenster und Fassaden an den Straßen gegen Gold vermieteten und mit Steuern belegten, so deshalb, weil diese architektonischen Details des bürgerlichen Domizils traditionellerweise die Möglichkeit von Handel und Information beinhalten; die Schaufenster der holländischen Prostituierten bilden noch heute jene alten "bow-windows" nach, deren Erker es ermöglichte, wie im Panorama zu sehen, wer kam und wer ging; das Schauspiel der Straße ist die Zirkulation, der "pilgrim's progress", die Bewegung von Progression und Prozession, zugleich Reise und Vervollkommnung, ein Marsch, der mit dem Fortschritt zum Besseren verbunden ist, ein Pilgertum, das das Mittelalter ausfüllte[13]. Die Straße ist wie ein neues Ufer und die Wohnung ist ein Hafen des Verkehrs, von dem aus man die Bedeutung der gesellschaftlichen Flut abschätzen und ihre Überschwemmungen vorhersehen kann, die Tore der alten Stadt, ihre Zollämter und Grenzen sind Staudämme und Filter gegen die Fluidität der Massen und das Eindringen der wandernden Meuten. Die alten sumpfigen und ungesunden Gestade, welche die befestigte Stadt umgaben, die "congoplains" des amerikanischen Sklaven, die alten Befestigungen, Zonen, Barackenviertel und "favellas", aber auch Hospiz, Kaserne und Gefängnis sind weniger ein Problem der Einschließung oder der Ausgrenzung als ein Problem der Zirkulation; sie alle sind ungewisse Orte, denn da sie zwischen zwei Durchgangsge-

schwindigkeiten liegen, wirken sie auf die Durchdringung und deren Beschleunigung als Bremsen. Da sie ursprünglich an Land- oder Flußverkehrswegen gelegen waren, wurden sie späterhin mit Kloaken und stehenden Gewässern verglichen: mit einem Anhalten des Fließens (des Fortschritts) und einem unvermittelten Aussetzen der Antriebskraft, was unvermeidlich einen quasi organischen Massenverfall erzeugt. "Neutrale Räume, Räume ohne Geschlecht, in denen alle Laster und alle Mißgeschicke von Paris ihre Zuflucht finden", schreibt Balzac. Der Ursprung der Vorstadt, der Bannmeile, ist zugleich Rechtsprechung des Verbots und lineare und zeitliche Distanz, das heißt Abtrennung und Deponierung der Last des sozialen Materials wie Waren, Proviant und jenes Vieh, mit dem das "Kneipen"-Proletariat seit Ewigkeiten verglichen wird, mehr oder weniger wilde Tiere, die zum Prügel-, Kriegs- oder Lasttier geworden sind; Geoffrey Saint-Hilaires Definition der Domestizierung beschreibt übrigens ganz genau die Ausbeutungsformen der proletarischen Massen:
"Ein Tier zu zähmen, bedeutet, es daran zu gewöhnen, in den menschlichen Behausungen oder in deren Nähe zu leben und sich dort zu ernähren." Das "Recht auf Unterkunft" ist nicht, wie man vorgab, ein "Recht auf die Stadt"; wie eine unorganische Hülle von wilden Tieren, bringt die proletarische Meute eine Bedrohung mit sich und ist mit Unbekanntem und Wildheit geladen; als "Domestik" ist sie darauf verwiesen, sich in der Nähe der Wohnung der Menschen zu gruppieren und zu reproduzieren, sozusagen unter deren Augen - die Probleme der menschlichen *Wohnstätte* im eigentlichen Sinne sind grundsätzlich verschieden von denen des Proletenviehs, von dessen *Behausung* in Form von Ställen oder Verschlägen im unteren Burghof oder in den Vorstädten der

befestigten Plätze: das provisorische 'Wohnen' der wandernden Massen beinhaltet ihre relative Evakuierung von den Wohnstätten der Menschen, das heißt von der Stadt. Die Bourgeoisie gewinnt ihre anfängliche Macht und ihre Klassencharakteristiken weniger aus dem Handel und der Industrie (welche bekanntlich keineswegs nur für sie spezifisch waren, man kennt die kapitale Rolle des Mönchtums, der Ritter etc. auf dem Gebiet der Banken, Industrien ...) als aus jener *strategischen Implantation, die das "domicile fixe" als Wert*[14] (gesellschaftliche Münze) der Bodenspekulation in Form des Immobilien-Verkaufs und -Verkehrs einführte; jenes Recht, hinter dem Wall der befestigten Stadt zu wohnen, das Recht auf Sicherheit und Erhaltung inmitten der gefährlichen Wanderung einer Welt von Pilgern, Hausierern, Soldaten und Exilierten, die zu Millionen umherzogen. Seit 1077 (Commune de Cambrai) begannen sich die "städtischen Freiheiten" nach und nach an allen Handelsplätzen zu verbreiten, man kann es mit Leichtigkeit auf einer Landkarte verfolgen: sie werden ganz logisch entlang den wichtigen Wasser- oder Landverkehrswegen übernommen, wärend die schwer zugänglichen Regionen, wie die Bretagne oder das französische Zentralmassiv, kaum oder gar keine kommunale Selbstverwaltung hatten. Die Errichtung der bürgerlichen Macht durch die kommunale Revolution kann bereits mit einem "nationalen Befreiungskrieg" verglichen werden, da sie in einem Gebiet die eingeborene Bevölkerung mit einem militärischen Besetzer konfrontiert, der aus dem Osten (Cambrai) gekommen ist und seine Eroberung nutzen will; die städtischen Freiheiten bringen zunächst eine Reorganisation der alten gallo-romanischen Wohnform in Form von Burgen; man baute uneinnahmbare Festungen, die von den damals gebräuchlichen Kriegs-

maschinen nichts zu befürchten hatten;dafür aber mußte man andauernd vor Überraschungen und Kriegslisten auf der Hut sein,die mit der nomadischen Masse von Außen, aus dem Ausland und aus der Ferne kamen. Wenn die räumliche Aufteilung des alten Landsitzes und dessen Weiterentwicklung zu Burgen mit Palisaden und Erdwällen durch die feudalen Kolonisatoren sich gegen alle Gefahren und Naturplagen ohne besondere Zielrichtung richtete, so verliert die darauf folgende Burg diesen ländlichen Charakter und wird rein militärisch; sie richtet sich von da an nur noch gegen einen einzigen Feind: den Kriegsmann. Was außerdem entgegen ihrer scheinbaren Ähnlichkeit die antike Festung von der des europäischen Mittelalters unterschied, war, daß die letztere es dank der architektonischen Anordnung ihres Inneren[15] mit ihren Mauerlöchern, Gräben, Hinterhalten und hohen Mauern... erlaubte, *den Kampf unendlich fortzusetzen;* die Festungswerke des Mittelalters schufen ein künstliches Schlachtfeld,sie machten aus diesem Feld *einen Schauplatz*, auf dem die Gewaltandrohung sowohl auf psychischer wie auf physischer Ebene ausgetragen werden konnte; nach Machiavelli preist Vauban begeistert diese Methode an, *ein Blutbad zu verhindern* und *den Ansturm* des Feindes durch die einfache Konstruktion eines topologischen Universums *aufzulösen*, das aus "einem Ensemble von Mechanismen besteht, die in der Lage sind, eine bestimmte Form von Energie aufzunehmen (falls notwendig, die der mobilen Masse der Angreifer), *sie umzuformen und schließlich in einer zweckdienlicheren Form wieder auszuspucken...*".
Reorganisiert nach dem gleichen Prinzip,wurde die städtische Befestigung zu einem "Feld von Kriegslisten", die auf den Gegner angewendet werden, aber letzterer änderte ein weiteres Mal

seine Natur, er wurde zunächst einmal zu einem sozialen Feind. Neben ihren militärischen Funktionen hat die Festungsanlage eine Klassenfunktion; die in ihr liegende Möglichkeit, einen Angriff in eine Belagerung umzuwandeln, versetzte sie in die Lage, die sozialen Auseinandersetzungen unendlich zu verlängern. Das kommunale Bürgertum provozierte ein neues Phänomen, so etwas wie einen verlängerten und geduldigen Krieg, der alle Anzeichen der Trägheit des Friedens hat, es gibt keine blutigen Gemetzel mehr wie im antiken Bürgerkrieg, keine saisonbedingten Zusammenstöße und nicht die gewaltsamen Bewegungen eines ländlichen Schlachtfeldes. Bevor die bürgerliche Macht ökonomisch wurde, war sie militärisch, aber mit dem Aufkommen von Festungen und Burgen, jenen "verschieden beschaffenen,unbeweglichen großen Maschinen"[16], hat sie sehr genau die geheime Präsenz eines permanenten Belagerungszustandes angezeigt. Genauso war der Niedergang des Bürgertums als Enclave und der Verlust seines eigenen Willens mit dem Versagen seiner Militärtechnik (im Landkrieg) in dem Moment verbunden, über den Montesquieu bemerkt: "Mit der Erfindung des Schießpulvers, gab es keine uneinnehmbaren Plätze mehr."
Clausewitz hat in bewunderswerter Weise gezeigt, wie die Söldner der großen italienischen und später der europäischen Städte ihre Dienste den mächtigen Ökonomien liehen, die allein in der Lage waren, dem militärischen Unternehmer ein immer größeres Budget, sowie Güter und bewegliche Werte zu geben,die er am Ende seines Vertrages mitnehmen konnte ("Selbst der besondere Wert der Metalle und ihr use als Geld scheint ursprünglich... auf ihrer kriegerischen Bedeutung zu beruhn", Marx an Engels am 25.9.1857[17]), aber Clausewitz hatte diesen Söldner noch nicht als

technischen Ratgeber und Ingenieur (Werkzeugfabrikant) bestimmt. Denn gerade die Militäringenieure sind, entsprechend den Gegebenheiten ,in der Lage, die Privatgüter im Innern der bürgerlichen Zitadelle zu bewahren oder zu zerstören. Eben darin besteht die ungenannte Situation,aus der die "anthropophagen Klassen" entstehen, und zwar nicht allein die Bourgeoisie, sondern eine permanente Militärklasse. Die marxistische Definition des Kapitalismus als "Konsument des menschlichen Lebens und Produzenten von toter Arbeit", läßt sich gut auf das Bürgertum anwenden, aber nur insofern es mit seinem militärischen Berater verbunden ist, der gleichzeitig Mittel zur Produktion und zur Zerstörung dessen, was er produziert, erfindet; der *Kriegsunternehmer* steht am Ursprung der staatlichen Armeen und später am Ursprung des militärisch-industriellen Komplexes. So wie der Kondottiere es verstand, seinen systematisch betriebenen Ruin rentabel zu machen,indem er sich auf die städtische Ökonomie stützte, so enthält die kommunale Bourgeoisie bereits die doppelseitige Verbindung des Reichtums mit der Produktion von Destruktion in sich.
Die Bildung dieses fatalen Amalgams geschah auf dem Terrain wie ein unvorhersehbares Zusammentreffen. "Die strategische Bedeutung einer Stellung resultiert nicht aus mehr oder weniger hypothetischen Kombinationen, sondern aus der Gestalt des Landes selber: sei es ein wichtiger Verkehrsknotenpunkt, ein Kreuzungspunkt zahlreicher Straßen oder die Vereinigung von Tälern." Wir haben oben gesehen, daß es überall, wo diese Bedingungen erfüllt sind, Bevölkerungszentren gibt; wo es Zirkulation gibt, gibt es Zusammenballungen. Zusammengefaßt: die Bedingungen, die zur Geburt von großen Städten geführt haben, sind die gleichen, die wichtige strategische Punk-

te bilden[18]. Die Folgerung ergibt sich somit von selbst und *bis ins 20. Jahrhundert* hat man nahezu immer entschieden, die am meisten bevölkerten Zentren in große Festungen zu verwandeln; die nationale Verteidigung ist darin fortgefahren, in quasi mittelalterlicher Weise das Militär mit der Zivilbevölkerung zu vermischen, deren materielle Hilfsquellen die Armee nicht gleichgültig ließen (Proviant, Arbeitskraft, Unterkünfte, Waffen etc.); die Anhäufungen des Kapitalismus und die Untätigkeit seiner Reichtümer werden von denen verursacht, die den Belagerungszustand zulassen!

Wenn die Burg eine unbewegliche Maschine ist, so ist es die spezifische Aufgabe des Militäringenieurs, gegen ihre Trägheit anzukämpfen. "Der Zweck von Befestigungen ist nicht, Armeen festzusetzen, sie in sich einzuschließen, *sondern ihre Bewegungen zu beherrschen, also ihre Bewegungen zu erleichtern.*" Colonel Delair notiert um 1870: "Jede Festung muß einen besonderen Zustand haben, eine bestimmte Widerstandskraft, die beim Menschen *gute Gesundheit* genannt wird. Wir anderen, die Pionieroffiziere, sind in Friedenszeiten verpflichtet, die Festungen im Zustand guter Gesundheit zu erhalten..." Und etwas weiter unten: "Die Verteidigungskunst muß unaufhörlich im Wandel begriffen sein, sie entgeht nicht dem allgemeinen Gesetz unserer Welt: Verharren, *Stillstand bedeutet den Tod.*"[19]
Die kommunale Festung ist eine Stadt-Maschine, und zwar in dem Maße, daß Cormontaigne, Fourcroy und viele Ingenieure des 18. Jahrhunderts in ihren "fiktiven Belagerungstagebüchern" oder ihren "Momenten der Befestigung" von den sie verteidigenden Truppen abstrahieren, als ob sie in der Lage sei, von alleine zu funktionieren, und General de Villemoisy konstatiert im 19. Jahr-

hundert ihre technische Überlegenheit: " Bei 300 Belagerungen, die seit dem Beginn des Jahrhunderts von Europäern durchgeführt wurden, ist es nur in einem Zehntel der Fälle vorgekommen, daß die Festung sich als erste ergeben hat." Das militärische Personal erscheint somit als völlig abhängig von der allgemeinen Konzeption des befestigten Platzes. Carnot rühmt dabei die Arbeitsteilung:" Es ist erwiesen, daß die Tapferkeit und die Industrie, die, einzeln genommen, nicht ausreichen würden, sich, wenn sie vereint sind, gegenseitig vervielfachen zu können." Nach Vauban sind die Verteidiger eines befestigten Platzes somit keine Gelegenheits-Verteidiger; noch das Dekret vom 28. Dezember 1886 verpflichtet in Friedens- wie in Kriegszeiten die Gouverneure von befestigten Städten zu ständigem Aufenthalt am Amtssitz, ebenso ist die Garnison zu täglichen Übungen verpflichtet, jeder ist mit einer festen und unveränderlichen Funktion betraut, die jeden Tag wiederholt wird.
Die Verteidiger der Maginot-Linie hatten ihrerseits die Gewohnheit, diese als "Fabrik" zu bezeichnen. Lange nach der Schleifung der alten Stadtzitadellen und bis ins 20. Jahrhundert, in dem große Festungsorte weiterexistierten, fand die militärische Klasse weiterhin Unterhalt bei Ihrem alten bürgerlichen Auftragsgeber, indem sie langsam zu "Compradores" wurden, und in den gängigen strategischen Modellen blieben die Interessen des Kriegsunternehmers mit denen des Kapitalismus vermengt: 1793 vergleicht Barère die junge Republik (die Commune von Paris) *mit einer großen belagerten Stadt* und fordert, *ganz Frankreich solle zu einem riesigen Heerlager werden.*
Der politische Triumph der bürgerlichen Revolution bestand darin, über die Gesamtheit des nationalen Territoriums den Belagerungszustand der

kommunalen Stadt-Maschine auszudehnen, die inmitten ihres logistischen Glacis und ihrer Domestikenbehausungen immobil ist; und 1795 überläßt sie den neuen Armeen von Carnot die Sorge, den Ansturm der aus den Vorstädten kommenden Volksmassen weit abzuschlagen, das Faubourg Saint-Antoine zu umzingeln und die überwältigten Arbeiter zu zwingen, ihre Waffen seinen zwanzigtausend Soldaten zu übergeben, die "sich nicht mehr daran erinnerten, daß sie zum Volk gehören" (Babeuf).

Die politische Staatsgewalt ist also nur sekundär " die organisierte Gewalt einer Klasse zur Unterdrückung einer anderen", viel materieller ist sie *polis, Polizei, das heißt Verwaltung der Verkehrswege*, und das in dem Maße, wie der politische Diskurs seit dem Beginn der bürgerlichen Revolution nur eine mehr oder weniger bewußte Fortsetzung der alten kommunalen Stadtbelagerungskunst ist, indem er die gesellschaftliche Ordnung mit der Kontrolle der Zirkulation (von Personen und Waren) vermengt und die Revolution, den Aufstand, mit der Verkehrsstockung, dem unerlaubten Stillstand, dem Zusammenstoß und der Kollision. Die Gemeindewahlergebnisse in Frankreich waren hierfür exemplarisch, da sie 1977 auf nationalem Territorium das alte Schema von Barère nachzeichneten, indem sie Frankreich in zwei Teile schnitten: im Zentrum der entscheidende Kern des Kapitals, in dem die Rechte triumphiert, und drumherum das *riesige Lager* der Vorstadt und der Provinz, das links gewählt hat, weil ihm bewußt ist, daß es sich in ein Hinterland verwandelt, in dem produktive Tätigkeiten dahinsiechen. Diese Wahlen zeigen aber a contrario auch, wie stark der Diskurs der Opposition vom reaktionären Modell der bourgoisen Belagerungskunst beeinflußt ist, indem er die Fähigkeit der Masse zur Bewegung mit der Fähigkeit zum Angriff vermengt, *ein ultreïa des pilgrim's progress*. Aber jenseits dessen lastet das polizeilich/politische Modell, das in den letzten Jahren von allen Ideologien anerkannt wurde, sowohl auf der Stadtplanung wie auf der planetarischen Raumaufteilung; der Übergang von der "großen immobilen Maschine" zur Staats-Maschine und schließlich zur Planeten-Maschine realisiert sich ohne Schwierigkeiten, es ist eine Politik des Fortschritts und der Veränderung, Worte ohne Inhalt, genauso wie man hinter der hellerleuchteten Megalopole - eine Stadt, die keine Ruhe mehr kennt - nur noch die verschwommene Silhouette der alten Festung ausmachen kann, die gegen ihre Trägheit ankämpft und für die das Verharren den Tod bedeutet.

Unter allen Himmelsstrichen: Sozialbauwohnungen, seien sie Schlafstädte oder Durchgangsstädte, die am Stadtrand, neben der Autobahn oder der Eisenbahn errichtet wurden, das System der Autobahngebühren, welche die Regierung selbst an den Toren einer Hauptstadt so beharrlich erheben will, die durch Selektion entvölkert wird, und die in der Nähe installierten Hauptquartiere der Polizei - dieser ganze Apparat ist nur eine Rekonstruktion verschiedener Teile des Motors der Festung mit ihren Zinnen, Ziehbrücken, Fallgruben, gewundenen Wegen, dem Auf- und Zuschnappen ihrer Tore, eine Rekonstruktion der anfänglichen Kontrolle der Masse durch die Organe der städtischen Verteidigung.
Während der deutschen Besatzungszeit konnte man auch beobachten, mit welcher Leichtigkeit die Pseudo-Sozialwohnungen der Vorstädte (wie z.B. Drancy) sich wie die alten Hospize in Drehscheiben zum Jenseits anderer Reisen, anderer Deportationen verwandeln ließen. Zu welcher Ideologie

sie auch gehören, es ist allen totalitären Regimen eigen, an erster Stelle die maßregelnde Rolle von Armee und Polizei (man beachte deren Rivalität) der mißverstandenen Ordnung *politischer Zirkulation* gegenüberzustellen; man kann sogar sagen, daß das Anwachsen des Totalitarismus vollständig der Entwicklung des staatlichen Einflusses auf die Massen assimilierbar ist und daher in der Geschichte der großen Verwaltungskörper des Staates leicht zu erkennen ist: es war Sully, selber Großmeister der Straßenverwaltung, der mit dem Edikt von 1604 den alten Trott der "Festungsverwaltung" aufgab und ihr eine moderne Form gab, die trotz aller scheinbaren Revolutionen bis ins 20. Jahrhundert weiterexistierte. Wie Tocqueville bemerkte: die *Festungskommandanten verkörpern in außerordentlich starker Form die zivilen Verpflichtungen des Staates und seine militärischen.* Unter Ludwig XIV. wurde Mesrine damit beauftragt, stehende Kompanien von Mineuren, Sappeuren und Schiffern auszuheben, die den Ursprung der *Geniekorps* bilden und die die freiwilligen Ingenieure und die aus dem Mannschaftsstand hervorgegangenen Arbeitsaufseher oder Zivilunternehmer wie den berühmten Tarade (der zur gleichen Zeit mit der pariser Straßenbauverwaltung betraut wurde) ersetzten. So sah sich das Korps der Militäringenieure am Vorabend der bürgerlichen Revolution von 1789 dazu bestimmt, eine nationale Aufgabe zu übernehmen: es wurde nicht nur mit der Konstruktion/Destruktion von Stadtwällen betraut, sondern mit der Erweiterung des logistischen Glacis auf das gesamte Territorium (das "riesige Feldlager der Nation" von Barère). Man braucht sich also nicht mehr über die außergewöhnliche Woge von Ingenieurkorps seit dem 17. Jahrhundert zu wundern, eine Woge, die sich im 19. Jahrhundert in der Philosophie und im Roman in einen wahren Kult verwandeln sollte. Der Ingenieur wird gefeiert als "Priester der Zivilisation" (Saint-Simon), ein verfälschtes Bild, das wir belächeln, das aber nach dem des "Landvermessers" ganz natürlich erschien, der selber tatsächlich Priester oder Kirchenmann gewesen war, mit der Aufgabe "die Kunst, Lager und feste Plätze durch geometrische Linien abzustecken," zu lehren. (Aber - wie bereits Colonel Lazard bemerkt - es handelt sich nicht mehr um eine *spezifisch* militärische Kunst, sondern eher um eine Art von Herrschaft der darstellenden Geometrie, die auf die Landschaften und *die Gesamtheit der Natur* angewandt wird.[20]) *Die Militärklasse* entsteht nicht aus den überbevölkerten Generalstäben des Ancien Régime, den Kabinetten, in denen Marschälle und Generäle manchmal täglich sich abwechselten im Kommando über die traditionellen Armeen. Diese wagten unter solchen Bedingungen weder, selbst wenn sie auch über beträchtliche Budgets verfügten, irgendeine selbständige Überlegung anzustellen, noch viel strategische Erfindung. Die einzige militärische Aktivität, die konsequente Gedanken entwickelte, war das logistische Projekt der städtischen Festung; aus dieser zweifachen logistischen Aufgabe entstand das Amalgam der Planung von Kämpfen und der Aufteilung von Territorien, jenes Amalgam, das von der bürgerlichen Revolution "nationale Verteidigung" getauft wurde.

Vauban war hier der Bahnbrecher. Als großer Leser von Vitruv und vom römischen Kolonialmodell Besessener dachte er, daß die Grundlagen des Krieges geopolitisch und universell seien und die menschliche Geographie nicht vom Zufall abhängen dürfe, sondern von Organisationstechniken, die geeignet sind, mehr oder weniger große Räume und mehr oder weniger dauerhafte Reiche zu kontrollieren.

Dieses neue militärische Denken vereinigte neben der Straßenverwaltung ökonomische Vorausschau, genetische und Ernährungs-Probleme etc. Auch ein Ingenieur und Festungsdirektor war es, der 1782 ganz natürlich *eine der ersten bekannten gegliederten Übersichten (Organigramme)* veröffentlichte: Charles Fourcroy und sein "Essay über eine poleometrische Tafel oder Zeitvertreib eines Liebhabers von Plänen über die Größe einiger Städte, mit einer Karte oder einem Tableau, das einen Vergleich dieser Städte in einem gleichen Maßstab erlaubt". Eine erste zeitgenössische numerische Tafel der wissenschaftlichen Karte Frankreichs der Cassini*, auf der die horizontalen und senkrechten Zahlenreihen eine gleiche Maßeinheit haben.

Dieses militärische Denken, das beabsichtigt, durch funktionelle Planung Zufälle zu eliminieren, die für es gleichbedeutend mit Katastrophe und Ruin sind, verbindet sich somit genau zum Ende des Ancien Régime mit dem Denken der politischen Bürgerklasse, mit deren Vorliebe für rationale Terminologie und für die unablässige Aktivität des totalitären Schreibers (Enzyklopädisten); die Osmose vollzog sich an den Stadttoren, den permeablen Membranen zwischen Land- und Stadtstraße. Der Chef der ersten pariser Stadtverwaltung war bekanntlich ein Patron der Hanse[21]. Das Rathaus dominierte den Getreidehafen und das Schiff ist das fahrzeugartige Emblem der Schifffahrt-Stadt. Die gleichen Besorgnisse erscheinen noch um 1749 in den Arbeiten des Beamten der berittenen Polizei Guillaute: "Immer mehr Aufstände, Beschlagnahmungen und Tumulte - die öffentliche Ordnung wird nur herrschen, wenn man sich darum bemüht, die Zeit und den Raum der Menschen

---

* frz. berühmte Karthographen-Familie im 18.Jhd.

zwischen Stadt und Land durch eine strenge Regelung des Durchgangsverkehrs aufzuteilen, wenn man die Stunden ebenso wie die Richtung und Beschilderung festgelegt hat und wenn man durch die Anweisung von Wohnstellen die ganze Stadt durchsichtig gemacht, das heißt dem polizeilichen Blick vertraut gemacht hat."

Heute kommen viele Leute verspätet darauf, daß, nachdem der "erste gemeinsame Transport" der Revolution einmal passiert ist, der Sozialismus außer dem militärischen (nationale Verteidigung) und dem polizeilichen (die Sicherheit, die Denunziation, die Lager) plötzlich seinen Inhalt verloren hat.

Es ist anscheinend Zeit, sich klarzumachen, daß die Revolution zwar die Bewegung ist, aber die Bewegung keine Revolution. Die Politik ist nur ein Getriebe, eine Übersetzung von Geschwindigkeit, deren Schnellgang die Revolution ist: der Krieg "als *Fortsetzung* der Politik mit anderen Mitteln" wäre eher eine "polizeiliche" Fortsetzung mit größerer Geschwindigkeit,mit anderen Transportmitteln. Das 'ultima ratio', das genau in den Artilleriegeschützen Ludwigs XIV. eingraviert war, drückt sehr gut diesen Veränderungsprozeß von Geschwindigkeit aus: das Artilleriegeschütz ist ein Mischvehikel, das aus verschiedenen Komponenten besteht und Zeiten von Ortsveränderung synthetisiert; die der mehr oder weniger schnell gezogenen Lafette und die plötzliche des Projektils auf dem Weg zur Explosion als letztes Argument der Ratio. Ebenso ist es nichts anderes,wenn der "politische Sozialismus" aufgrund seiner *politischen* (polis) *Natur* gemeinhin scheitert, insofern die Beschleunigung des Bürgerkriegs in Richtung auf eine städtische Kollision nachläßt.

Manche betrachten die gegenwärtige Zunahme von Aufmärschen, Spaziergangsdemonstrationen und sogar "Sternfahrten von Arbeitslosen", wie z.B. die vom April '77 in Thionville,in den Städten mit bösen Augen. Nach der sportartigen Vergötterung des Mai 68 können sie in diesen Veranstaltungen keine professionelle oder gesellschaftliche Effektivität ausmachen. Dennoch haben Formen von Stadtdurchquerungen oder Hindernisrennen ein ebenso präzises Ziel wie die klassischen Demonstrationen der abendländischen Kulturrevolution, wie sogar die 'Prawda' noch im letzten Sommer wiederholte: "Der Aufmarsch in den Straßen ist die bestmögliche Vorbereitung der Arbeiter auf den Kampf um die Machtübernahme..."

Bereits unter dem Ancien Régime, wo die physische Person des Monarchen mit dem Staat verbunden war, sein *Dasein* mit dem des Staates,erlebte man innere Unruhe und Szenen des Aufruhrs, wenn der Ort der königlichen Residenz ungewiß war. Das Volk von Paris drang vorübergehend in das Palais Royal ein und zog sich, nachdem ihm erlaubt worden war, den Souverän zu sehen,ruhig wieder zurück. Ebenso liegt für die vom Lande oder aus den Vorstädten kommenden proletarischen Massen der einzige Grund, in das Zentrum von Paris einzudringen und seine Avenuen und steinigen Straßen mit Füssen zu treten, darin,auf ganz konkrete Weise die reale und meßbare soziale und politische Distanz zwischen der Masse und der vom bürgerlichen Staat errichteten Macht zu verringern. Tatsächlich nahmen die Massenbewegungen des Ancien Régime, als sie auf der Suche nach der Person des Monarchen/Staates herumzogen, jene neue Organisation des Zirkulationsflusses vorweg, die man willkürlich die Französische Revolution nennt und die einzig und allein eine

rationale Organisation eines gesellschaftlichen Diebstahles durch die Dromokraten ist. Die "Erhebung der Massen" von 1793 ist eine *Aufhebung, eine Beseitigung der Massen*.
Der von der revolutionären Propaganda verbreitete Diskurs bedeutet für die Bourgeoisie-Hochburg das gleiche wie ihr alter religiöser Diskurs, er beseitigt und beschwatzt die mobile Masse, er entwirft den neuen revolutionären Staat, als ob er nicht in der Stadt und auf der Straße bereits vorhanden wäre, sondern weit weg in der Ferne und in der Unermeßlichkeit eines universellen und zeitlosen Unterfangens. "Die Weite der Jahrhunderte ebenso umfassen, wie die der Departements", rief Grégoire, "..dem weit verbreiteten Vorurteil entgehen, das die Republik in einem sehr begrenzten Territorium errichten will!" (27. November 1792). Während sich die Bourgeoisie sofort neues Eigentum und neue Immobiliengüter aneignet und denjenigen, die das Prinzip des Privateigentums in Frage stellen, mit der Todesstrafe droht (18. März 1793), bietet sie *ihrem "Fußvolk" die Straßen Europas als Territorium an*. "Wo die Füße sind,ist die Heimat" (Ubi pedes,ibi patria), sagte bereits das römische Recht. Mit der Französischen Revolution *werden alle Fernstraßen Nationalstraßen!*

Die Bewegung der pariser Sansculotten war der "Massenerhebung " von '93 vorausgegangen, so wie später die unheilvollen Abenteuer der Hitlerschen Sturm-Abteilungen (S.A.) der deutschen Mobilmachung für den totalen Krieg vorausgingen. Die Sansculotten sind wie die S.A. Dromomanen, "Vorreiter des Schreckens", die von der Revolution auf das Pariser Pflaster getrieben werden. Das Dekret vom 21. März 1793 legalisierte ihre spezifische Funktion: *diese politischen,militanten*

Wütenden sind nur die logistischen Agenten des Terrors und Teile der "Polizei": die Denunziation von "Verdächtigen", Überwachung der Stadtteile und Mietshäuser, Ausstellung von Bürgerausweisen, Verhaftungen, aber auch Lebensmittelversorgung, Zirkulation und Ortung von Eßwaren,Preiskontrolle... Im Mai werden sie in die Armee des Innern integriert, in infernalischen Kolonnen wirft man sie auf die Fernstraßen der Departements; und ein Jahr später werden ihre Führer hingerichtet, ebenso wie die obersten Leiter der S.A. am 30. Juni 1934 in der "Nacht der langen Messer" liquidiert wurden.
Die Revolution ist nichts anderes als eine Umleitung des alten sozialen Angriffes. Als gutes Mitglied des Pionierkorps kanalisiert Carnot seine Scharen weit weg von der städtischen Festung in die "Armeegebiete", mit Vorliebe stellt er seine Kontingente aus den Kräften der pariser Bevölkerung zusammen,der Soldat des Jahres II wird der Straße,die er erobern wollte, entrissen und auf eine lange irrationale Reise geschickt, auf den langen und mörderischen "Gewaltmarsch" deportiert. "Die neue Armee",schreibt Carnot,"ist eine Massenarmee, die den Gegner *unter ihrer Last* in einer *permanenten Offensive* beim Gesang der Marseillaise *erdrückt*." Die Nationalhymne ist nichts anderes als ein Lied der Fernstraße das die Mechanik des Marschierens reguliert. Poumiès de la Siboutie notiert in seinen Erinnerungen: "Niemals hat man so viel gesungen... das Lied war ein mächtiges revolutionäres Mittel, die 'Marseillaise' elektrisierte die Völker..."
Der Mathematiker Carnot und der Doktor Poumiès haben sich nicht getäuscht, der revolutionäre Gesang ist eine kinetische Energie, die die Masse auf das Schlachtfeld treibt, zu der Art von Angriff, die bereits Shakespeare als "Tod, der den

Tod tötet" beschrieben hat. Und genau darum geht es tatsächlich, wenn die feindliche Artillerie gestürmt werden soll und der einzige Weg für den Infantristen darin liegt, auf die Kanonen loszustürmen und auf der Stelle die Bedienungsmannschaft zu töten. Aber um dahin zu gelangen, verfügt er nur über einen ganz kurzen Zeitraum: den nämlich, den die Artilleristen benötigen,um ihre Geschütze nachzuladen. Der Infanterist muß sich also, sowie der Schuß ausgelöst worden ist, vorwärts auf die feindlichen Kanonen stürzen; sein Leben hängt somit von seiner Laufgeschwindigkeit ab, ist er zu langsam, so stirbt er buchstäblich zerfetzt im Sperrfeuer aus den Feuerschlünden... In diesem neuen Krieg wird alles zu einer Frage der Zeit, die der Mensch den tödlichen Geschossen, auf die er zustürmt, abgewinnt; im weitesten Sinne besteht die Geschwindigkeit aus gewonnener Zeit, da sie zu einer menschlichen Zeit wird, die direkt dem Tode entrissen wird - daher auch jene Todesinsignien der Dezimierung, welche sich die Sturmtruppen, das heißt die *schnellen Truppen*, im Laufe der Geschichte ansteckten (Fahnen, schwarze Uniformen und Totenköpfe der Uhlanen oder der S.S. etc.).Aber was soll man jenseits dessen von einer Revolution halten, die sich nahezu vollständig auf einen permanenten Angriff auf die Zeit reduzierte? Die ständige Offensive der Massenarmeen Carnots sind eine Rückwendung des alten "vor sich selber Weglaufen", das Heil liegt nicht mehr in der Flucht, sondern darin, "auf seinen Tod zuzulaufen" und "seinen Tod zu töten", *das Heil liegt einfach deshalb im Angriff*, weil die neuen ballistischen Mittel eine Flucht nutzlos machen, sie sind viel schneller und reichen viel weiter als der Soldat, sie holen ihn ein und überholen ihn. Der Mensch auf dem Schlachtfeld hat anscheinend kein anderes Heil mehr, als sich in selbstmörderischer Weise sogar in die Geschwindigkeitsbahn von Maschinen einzufügen; genau dahin stößt die neue militärische Jurisdiktion ohne Gnade den, der buchstäblich "zwischen zwei Feuern" steht! Das *allgemeine Heil, das Allgemeinwohl kann von da an nur noch von einer Masse kommen, die vollständig mit der Geschwindigkeit übereinstimmt.* Napoléon I. bringt das klar zum Ausdruck: "Die Kriegstauglichkeit besteht in der Fähigkeit zur Bewegung", und er präzisiert, daß man die Kampfkraft einer Armee "wie in der Mechanik als eine durch ihre Geschwindigkeit vervielfältigte Masse" bewerten muß.

Hegel, der mit den französischen Revolutionären symphatisierte, schrieb im Januar 1807 an einen Freund: Jeder Franzose hat gelernt, dem Tod ins Auge zu schauen; und insbesondere vergleicht er die alten Institutionen mit zu eng gewordenen Kinderschuhen, *die den Marsch behindern* und von denen die Revolutionäre sich zu befreien wußten[22]. Überall die unbewußte dynamische Metapher, die neue Dialektik des Schlachtfeldes, übertragen in philosophische und politische Begriffe. Der mangelhaft ausgerüstete französische Soldat schaut in der Tat in den schwarzen Mäulern der Feuerschlünde, gegen die er sich im Sturmlauf wirft, seinem Tod ins Angesicht, und diese "Zwergenarmee", von der Goethe spricht, brauchte wirklich "Siebenmeilenstiefel", "diese Truppen von Zwergen, während man in Deutschland Riesen anzuschauen erwartete"[23]; aber das war normal, da man ihre wahrscheinliche Größe *nach ihrer Geschwindigkeit auf der Fernstraße* berechnet hatte, hatte man an die langen Schritte von riesigen Individuen gedacht und nicht folgenden neuen Faktor berücksichtigt: *die übermäßige Entwicklung der kinetischen Energie der revolutionären*

Masse. Einen Diskurs,der die Erreichung hoher Angriffs- und Invasionsgeschwindigkeiten und somit eine Explosionsgeschwindigkeit mit der "Mechanik" einer Revolution verband, die anfänglich durch die Eroberung der Straße symbolisiert wurde und sich später auf der Fernstraße "befreite". Bezeichnenderweise reproduziert jeder totalitäre Kampf diesen Prozeß: die deutschen Nationalsozialisten, die Feinde der Bourgeoisie waren oder dieses zumindest noch vortäuschten, um die Dromomanen der "Sturm-Abteilungen" zu *mobilisieren*, eroberten erst den deutschen Staat Stadt für Stadt, besser Straße für Straße, bevor sie sich Autobahn für Autobahn in Richtung auf die Nachbarländer ausbreiteten, als ob nach den *dynamischen Deklamationen* ihrer Führer die deutschen Massen nicht mehr gebremst werden könnten. Nach der Eroberung der Straße und dem Massaker der Sturm-Abteilungen hat der national-sozialistische Motor dann seine gewöhnlichen Anführer wiedergefunden, das kleine und mittlere Verwaltungsbürgertum, das Großkapital, das ihm seit den 20-iger Jahren wichtige Unterstützung gegeben hatte, die Reichswehr und die Fahrzeuge von Rommel und Gudérian, die die militärische Front vorantrieben, "dorthin, wo die Kampfwagen stehen". Mit dem nationalsozialistischen Blitzkrieg verschwand offensichtlich die alte Grenzmauer und wurde durch den Schnellweg ersetzt; die deutsche Nation ist schon lange nicht mehr da,wo ihre berühmten Stiefel, die Symbole ihrer Armee, stehen, sondern liegt in den Ketten ihrer Panzer, in der Antriebskraft ihrer "stählernen Front". Wie Ratzel am Ende des 19. Jahrhunderts schrieb: "Der erste *Zweck des Krieges* ist immer,in das Gebiet des Gegners einzudringen"[24]. *Die Front ist von da an nur noch eine kriegerische Linie gleichen Luftdruckes, die die alten Niederlassungsri-*

ten erneuert. Aber für den Dromokraten des totalen Krieges liegt die ehemals so begehrte Stadt nicht mehr in der Stadt; Warschau, das sich archaisch zur "offenen Stadt" erklärt hatte, wurde im September durch Luftangriffe zerstört.

2. Vom Recht auf die Fernstraße zum Recht auf den Staat

"Der Angriff ist entsprechend den Epochen der Erfindung von Zerstörungsmaschinen verschieden."
Errard Bar-le-Duc

Seit der Machtübernahme durch die Nazis wurde dem deutschen Proletariat Sport und Transport geboten. Je mehr Massen unterwegs sind, umso weniger ergibt sich die Notwendigkeit zu großen Repressionen; um die Straße zu leeren, genügt es, allen die Straße zu versprechen. Darin gerade liegt das "politische" Ziel des Volkswagens: als Hitler 170 000 Bürger davon überzeugte, sich in Käuferlisten einzutragen, während er noch keinen einzigen Wagen zur Hand hatte, gab es ein regelrechtes Plebiszit. Das "N.S.K.K." (National Sozialistisches Kraftfahr Korps) wurde örtlich und nach Kategorien von Privatautos organisiert. Es vereinigte nahezu eine halbe Million Automobilisten, die es zu Geländefahrten, zum Schießen während der Fahrt etc. ausbildete. Jedes Mitglied dieser "Sport"-Clubs wiederholte also zur Übung die prämonitorischen Techniken des Automobil-Verbrechens von Bonnot oder Al Capone; aber es ist richtig, daß, wenn Brecht 1941 in "Der aufhaltsame Aufstieg des Arturo Ui" aus einem Gangster ein Abbild Hitlers macht, die Ähnlichkeiten eine einfache Parodie übersteigen; der Weg eines Migranten der amerikanischen Zivilisation zur Macht ist ebenso wie die faschistische Tragödie oder das anarchistische Abenteuer Bonnots von 1911 untrennbar von der Revolution des Transportwesens. Die großen Figuren des amerikanischen Gangstertums haben genauso wie Hitler

oder Mussolini auf der Straße angefangen, wo sie als Fremde oder Clochards herumirrten - der berühmte Jim Colosimo war zunächst Straßenfeger und wie viele seiner Landsleute durchbrach er die Schwelle zu politischem Handeln als Wahlagent und Kundenwerber.
Später standen die Stadtverwaltungen unter dem Einfluß der "braunen Armee" der S.A., denn die Apotheose des Automobils in den 20-iger Jahren mit ihren Entführungen, Schießereien, Straßenkämpfen und wilden Verfolgungsjagden mit gepanzerten Fahrzeugen ist nur eine technische Episode des dromokratischen Angriffs auf die Stadt und ihre Reichtümer durch eine wandernde Masse von Einwanderern aus Europa und Asien - und all das geschieht, bevor es zu dem Angriff auf den amerikanischen Staat selber kommt. Aber wurde Al Capone nicht auf Landesebene von der Republikanischen Partei unterstützt und verdankte er nicht seinen Aufstieg dem freiwilligen Eintritt in die Armee der USA? Übrigens traten die unbekannten Truppen des amerikanischen Gangstertums im letzten Weltkrieg während der Befreiung Italiens ans Tageslicht und diese Leute erwiesen sich dann als "gute amerikanische Bürger".
Auf der anderen Ebene versteht man besser, wie die Regierung der Vereinigten Staaten die ökonomische Krise der 3o-iger Jahre überwand und die Massen von der "Versuchung der Straße" heilte. Hierbei war die Erfahrung der Dromokraten des Gangstertums nicht unnütz; der Geniestreich bestand darin, die direkte Unterdrückung der Aufstände und den politischen Diskurs selber durch die Entschleierung des Wesens eben dieses Diskurses zu ersetzen: die Transportkapazität, die durch die Automobil-Fließbandproduktion (bei Ford seit 1911) geschaffen wurde, konnte zu einem Angriff auf die Gesellschaft, zu einer Revo-

lution, werden, der ausreichte und in der Lage war, noch einmal die Lebensweise der Bürger zu modifizieren, indem er die Bedürfnisse der Konsumenten veränderte und eine Landschaft vollständig umformte, die - wie man bedenken muß - zu Beginn des Jahrhunderts nicht mehr als 400 Kilometer Fernstraße besaß.
Dr. Helmut Klotz notiert 1937, daß das "'National Sozialistische Kraftfahr Korps' eine Organisation (ist), die in beschränktem Umfang für die Motorisierung des Heeres nutzbar gemacht werden kann"[25]. Wenngleich er meint, daß die Motorisierung auf lange Entfernungen oft wenig vorteilhaft ist, so legt er ihr doch für kurze Distanzen die Bedeutung zu,*eine außerordentliche Steigerung der Kampfkraft mit sich zu bringen.*

Auf der gegenüberliegenden Seite des Atlantik manifestieren die dauernde Wandlung der barbarischen Ästhetik der amerikanischen Serienautos und die provokante Maßlosigkeit ihrer Karosserien und Verzierungen die Permanenz von sozialer Revolution (*Fortschritt* des *american way of life*). Aber gleichzeitig wurde dieser Automobil-Körper (Kraftfahrer-Korps) entkräftet, seine Besetzung der Straße ist unvollkommen und sein starker Motor ist gedrosselt. Wie bei den Gesetzten zur Geschwindigkeitsbegrenzung handelt es sich hier um Eingriffe der Regierung, das heißt der politischen Verwaltung, die beabsichtigt, gerade die "außergewöhnliche Angriffskraft", welche die Motorisierung der Massen erzeugt, zu begrenzen. Diese dem Fahrer zugefügte Frustration, dem ebenso grob der Rausch großer Geschwindigkeiten genommen wird wie der des Alkohols, diese Bewegungs-Prohibition bedeutet andererseits von Seiten des Staates die Konstituierung eines neuen Jenseits: "Die jungen Leute, die zu Tausenden fahren und

sich in die Mechanik und die Rundfunktechnik einüben (in Gesetze der Kraftübertragung oder des Verkehrs), befinden sich", wie V. Bush 1940 in "Modern arms and free men" schreibt, "in wirklichen Trainingslagern... und am Stichtag kann sich dieses Training mit Leichtigkeit und in kürzester Zeit in die Fähigkeit umwandeln, den komplexen Apparat des Krieges zu errichten." Auf beiden Seiten des Atlantik entwickelt sich ein symmetrischer Diskurs.
Diese Form permanenter Ausbeutung der Bewegungsfähigkeit von unorganischer Masse als eine *Lösung sozialer Probleme* ist keine Besonderheit von Industrieländern; das Problem der Schuhe stellte sich der zivilen Industrie durch die Massenarmee lange vor dem der Fahrzeuge. 1792 waren die Intendanturen in der Lage, den "Nackt-Fuß"-Truppen 200 Paar Schuhe zu liefern, wohingegen 80 000 gebraucht wurden[26]. Demzufolge war "der Marsch auch außerhalb der Gefechte ein strategisches Instrument"; wie man gesehen hat, entwickelte sich diese Art von Angriff erst im Laufe der Zeit,und sie konnte bereits theoretisch realisiert werden, während es noch an materiellen Mitteln fehlte.
Gegenwärtig organisieren die oppositionellen Parteien ihre Kämpfe während der "Hauptverkehrszeiten" der Arbeiter. Dabei handelt es sich immer noch darum, "Zeit zu gewinnen", und wir beziehen uns auf die Ursprünge der sozialen "Metamorphose", wir bewegen uns hier auf der Ebene der "Revolution der drei Achten", die den Menschen von 1848 so lieb war - acht Stunden Arbeit, acht Stunden Schlaf, acht Stunden Freizeit. Sehr bemerkenswert ist auch, daß diese Forderung von Anfang an das einzigartige Verdienst hatte, eine *Einheit* unter allen Parteien und revolutionären Bewegungen *zu schaffen,* von den ge-

mäßigten bis zu den extremistischen; diese Art eines "Krieges um Zeit", wie er von den Arbeitern geführt wurde, "hat alle Vorteile einer revolutionären Forderung, ohne deren Nachteile zu haben."[27] Auch die Sowjet-Republik im Herbst 1917 und die deutsche Republik von 1918 hielten es für gut, sie aufzunehmen.

Was die französische Republik betrifft, so befürchtete sie nach dem Ende des Krieges einen blutigen 1. Mai .Tatsächlich bahnte sich für diesen Tag im Jahre 1919 noch einmal ein gewaltiger Strassenaufmarsch an und die Regierung wußte, daß die einzige Parole "die 8 Stunden" sein würden... und wollten die Sozialistenführer nicht ihrerseits an der Macht teilhaben? Hatte nicht einer von ihnen das Kriegsministerium geleitet? Den "8 Stunden" beizustimmen, bedeutete also "ein endgültiges Siegel zu setzen und im Frieden das weiterzuführen, was im Kriege die heilige Union gewesen war".

An diesem 1. Mai wurde das Proletariat erneut demobilisiert; es war gekommen, um das Glacis der Schützengräben zu verlassen,und im Glacis der Straßen der Hauptstadt stand es wieder "im Angesicht des Todes". Nach den Umarmungen der ersten Tage ist das, was man für "den Undank derer aus dem Hinterland" gegenüber ihren Sturmtruppen gehalten hatte, nichts anderes als eine Rückkehr zum Normalen, zum Gefühl des Mißtrauens und zur Verachtung des Städters für die herumvagabundierenden Massen, die ihre Bewegungsfreiheit wiederfanden und somit wieder für die politische Schlacht disponibel wurden... Im Jahre 1936 wurde dann auch der bis dahin mysteriös gebliebene Inhalt der "acht Stunden Freizeit" enthüllt: Freizeit heißt bezahlter Urlaub und bezahlter Urlaub heißt Reise... siehe die "letzte Reise", wie bizarrerweise ein berühmtes Lied der

angeblich euphorischen Volksfront hervorhebt... eine Revolution des Transportwesens und nicht des Glücks... auf zum Camping-Lager, in die Jugend-Herbergen/-Kasernen, überall Lager, das weite Lager des Territoriums; aber sollte nicht der spanische Bürgerkrieg ausbrechen und die französische Nicht-Intervention zum Grab der Volksfront werden, die erstarrte, indem sie das Jenseits dieser letzten Reise zurückwies?
Die entstellende Handhabung des dromokratischen Diskurses durch die Männer der politischen Bourgeoisie hätte uns längst ein Alarmsignal über die wahren revolutionären Intentionen sein müssen.

1789 wollte eine Revolte gegen die *Abhängigkeit* sein, das heißt gegen den *Zwang zur Immobilität*, der durch die alte feudale Knechtschaft symbolisiert wurde, welche übrigens in bestimmten Regionen wie dem Jura noch weiterexistierte, eine Revolte gegen die Verpflichtung zu einem festen Wohnsitz und gegen willkürliche Einschließung. Aber keiner vermutete bereits ,daß die Montaigne so liebe "Eroberung der Freiheit zu gehen und zu kommen" durch einen Taschenspielertrick zu einem *Zwang zur Mobilität* werden konnte. Die "Massenerhebung" von 1793 ist die Errichtung einer ersten *Diktatur der Bewegung*,welche auf subtile Weise die *Bewegungsfreiheit* der ersten Tage der Revolution ersetzte. In diesem ersten modernen Staatswesen erscheint die Realität der Macht jenseits der Kapitalisierung von Gewalt als Kapitalisierung von Bewegung. Insgesamt gesehen war die Erstürmung der Bastille am 14. Juli 1789 ein echt Foucault'scher Irrtum des Volkes von Paris: *das berühmte Symbol der Einschließung war bereits eine leere Festung*, die Aufständischen entdeckten mit Verblüffung, daß es hinter ihren dikken Mauern niemanden zu "befreien" gab.

Das strategische Revolutionsmodell bietet den beiden vorherrschenden Klassen ihr spezifisches Proletariat: die "marschierende Nation" des militärischen Proletariats der Massenarmeen, das auf das "Territorium der Fernstraße" geworfen wird, und das industrielle Proletariat, die "Arbeiterarmee", wie man sie nennt, die in dem riesigen Lager des nationalen Territoriums eingeschlossen bleibt. Man kann also ganz klar zwei Funktionen (oder eher zwei Arten des Funktionierens) der so mobilisierten proletarischen Basis unterscheiden, denn die Pole der Proletarisierung wurden niemals radikaler bestimmt als durch den "Konvent" mit seinem Dekret vom Februar 1793: "Die jungen Männer ziehen in den Kampf", während "die Verheirateten, die Frauen und die Kinder in den Fabriken (für Waffen, Kleidung, Zelte, Verbandsmittel etc.) eingesetzt werden", also für die logistische Versorgung. Die neue Unternehmer-Bourgeoisie will sich also bereichern, indem sie die *produktiven "Heldentaten"* (Handlungen) des Industrieproletariats kapitalisiert, so wie die militärische Klasse die *destruktive Tätigkeit* der mobilen Masse kapitalisiert: die durch die Angriffskraft des Proletariats realisierte *Produktion von Destruktion*.

Die Geschichte zeigt, daß der Ausbruch von eingeschlossenen Bourgeoisien fatalerweise eine Degradierung der produktiven Massen und im Staat ein Anwachsen der Methoden militärischer Proletarisierung bedeutet. In der Tat erscheinen zum Beispiel die marxistischen Staaten zunächst als *Diktaturen der Beweglichkeit* und als Totalitarismus, da sie sehr genau alle Formen von *Massenbewegung* ausbeuten. Nach dem Fall von Phnom Penh wurde Kambodscha, den seltenen Augenzeugen zufolge, zu einem "großen Lager", was einen Protest gegen Marx und sie sowjetischen "Gulag-Erfinder" einschließt...während es sich in Wirklichkeit nur um einen Paroxysmus der Bewegung militärischer Proletarisierung handelt. Ihren eigenen Worten zufolge betrachten die Roten Khmer die Gesamtheit der Zivilbevölkerung ihres Landes mit seinen Millionen von Männern, Frauen und Kindern als "Kriegsgefangene". Die neuen Führer von Kambodscha wandten anscheinend buchstäblich einen Gedanken an, der 25 Jahre vorher von Kieu Samphan an der Sorbonne vorgelegt worden war.Daher weiß man, woher der Virus kommt, der dieses unglückliche Land verwüstet; das utopische Modell der kambodschanischen Revolution ist nur die Antithese zum Modell der bürgerlichen Revolution: die großen Städte wurden gewaltsam von ihren Einwohnern geleert, die massakriert oder aufs Land vertrieben wurden, bestimmte Viertel wurden geschliffen und durch Reisfelder ersetzt,zwischen Stadt und Land gibt es keinen Verkehr mehr, die Zirkulation hat praktisch aufgehört, in der entvölkerten Stadt verbleiben einzig einige Infanteriebataillone, die Führer der Khmer und einige diplomatische Vertretungen.Das bedeutet mehr als eine Revolution, es ist das tragische Ende der Belagerung der kommunalen Festung, die von ihren Angreifern endlich zermalmt wurde.

Im "befreiten" Vietnam entdeckt man andere Formen proletarischer Mobilisierung: nach dem Fall von Saigon war es sicherlich die erste Aufgabe der revolutionären Armeen, auch so "unwürdige" Leute wie Prostituierte oder die müßigen Schieber des großen südlichen Stadtteiles für den logistischen Wiederaufbau (strategische Straßen,Eisenbahnen,Brücken etc.) einzusetzen, aber sie lehrten auch die in neue Uniformen gesteckte Jugend ihre Freude über die Freiheit zu "mimen", indem diese mit der Simplizität einer Macht bekannt gemacht wurde, die sich auf Einschüchterung und Körperkultur reduziert. Die Diktatur des Proletariats ist nichts anderes als dieses Diktat von Bewegung (Tätigkeit), was die großen totalitären Feiern mit ihren riesigen kinetischen Massen, mit ihren *Spartakiaden* und gymnastischen Ehrenfeiern zeigen, die in östlichen Ländern immer noch genau so abgehalten werden wie zur Zeit des Faschismus; dieser Gleichtakt, der Tausende von Individuen zu geometrischen Formationen vereint (wie ehemals in militärischen Manövern in "Karrées") oder die Dynamik der Massen zu kaleidoskopischen Dekorationen formt, welche den Inhalt von Slogans oder gigantische Portraits der Parteileader vorführen, erlauben dem revolutionären Militanten für einen Augenblick, ein Teil des Körpers von Lenin oder Mao zu sein.

Noch interessanter sind die Umerziehungslager, von denen die Vietnamesen nach den Chinesen so überzeugt sind, während sie blutige Repressionen und brutale Strafen anscheinend aus ihrem System entfernen wollen. Diese Lager, in die man die Leute *ohne Verurteilung* steckt, müssen uns durch ihre ausschließliche medizinische Bestimmung ins Auge springen: die Umerziehung bezieht sich auf die mechanische Programmierung von behinderten und verkrüppelten Körpern, die sie zu *reparieren* beabsichtigt. Der Delinquent oder ideologische Dissident wird hier nicht mehr als politischer Gegner betrachtet, auch gibt es kein Recht mehr auf psychiatrische Behandlung, die von den Russen oder den Amerikanern vorzugsweise ihren Intellektuellen verordnet wird - die materialistische Selbstgewißheit erreicht hier ihre absolute Form, da ja die einfache Hypothese, die auf der Wichtigkeit von antagonistischem Denken und differenten Konzepten beharrt, vollständig ausgeschlossen wird:

der Dissident ist ein Körper und sein Dissidententum, zum Beispiel seine Gleichgültigkeit oder seine Laszivität, ist ein Haltungsschaden. Anscheinend gibt es weniger ein Meinungsdelikt als ein körperliches Delikt; das ist die Abschaffung des Geständnisses[28], die Körper sind schuldig, nicht mehr synchron zu sein, man muß sie wieder auf die *Linie* der Partei und auf die Geschwindigkeit eines Volkes bringen, das sich als Ganzes im Manöver befindet und in allem und jedem eine Gelegenheit für öffentliche körperliche Übungen sieht: angefangen bei klassischen Waffenübungen bis zur Auflockerung und Gymnastik auf der Straße, in den Lagern, in der Fabrik, im Mannschaftssport und im Tanz, bis zu den Fahrten der Landarbeiter- und Ökologie-Brigaden etc. Während der chinesischen Kulturrevolution sah man in den Gesichtern von Mao und Tschou En-lai oft soetwas wie Verlegenheit angesichts dieser Millionen von Individuen, die wie Roboter das "kleine rote Buch" schwenkten; mußte die vom Dichter-Autor gewollte Revolution der Zivilisation sich auf all diese Leibesübungen reduzieren, welche durch eine riesige Campagne von Massendenunziation unterstützt wurde, die sich auf den Wandzeitungen Pekings ausbreitete, so wie fast hundert Jahre zuvor die Pariser Commune (von Cluseret wurde sie als Polizeistaat bezeichnet), so wie die kambodschanische Revolution mit ihren "kang-Chhlop". Reduziert sich der Sozialismus auf eine Vergesellschaftung der Anzeigepflicht? Es ist letztenendes normal, daß die *politische* Revolution zu dieser Umverteilung der Funktionen (der Macht) der Polizei an alle Militanten führt, genauso wie der von der Militärverwaltung eingestellte Agent seit dem Ancien Régime gesellschaftliche Transparenz herbeiführt, also eine Observation von Verhalten und Bewegungen, die sowohl mit dem gesellschaft-

lichen Körper wie gleichzeitig auch mit dem territorialen Körper nicht konform sind, und genauso wie die Erdüberwachung der ökologischen Aufsicht entspringt, welche die städtische Kontrolle erneuert und für die Macht eine Zukunftslösung zu sein scheint.
Castro tauschte seine nachlässige Guerillakleidung gegen eine Uniform à la Pinochet oder Breschnew und entpuppte sich als Marschall; die massive Präsenz von überdekorierten Militärchefs auf allen sozialistischen Tribünen der Welt zeigt uns: die letzten Kapitalisateure von (produktiver) Tätigkeit, die wahren Diktatoren von Bewegung sind sie. Sie und nicht die vagen Philosophen und Ideologen haben 1789 die politische Idee der *marschierenden Nation* auf die Welt gebracht, wobei die Massen des militärischen Proletariats gegen Mitte des 19. Jahrhunderts nach dem Triumph industrieller Artillerie und der Verbreitung des Maschinenkriegs selber zum *Projektil* wird; Trotzki schreibt 1914: " Jetzt treten in ihrer Psyche (Arbeiterschaft) *die statischen Momente den dynamischen den Platz ab*. Die Mörser pressen ihr den Gedanken in den Kopf, daß, wenn es unmöglich ist, ein Hindernis zu umgehen, die Möglichkeit bleibt, es zu vernichten."[29]
Als sich die Bedeutung des Kampfes um Energiequellen zeigt,qualifiziert nach Lenin Mao das Volk als "Antriebskraft der Geschichte". In dem Maße wie die politische Metaphysik auf die Geschichte abhebt, folgt sie dicht dem logistischen Fortschritt. Militärwissenschaft als Geschichtsschreibung ist nichts anderes als die ständige Wahrnehmung der Kinetik von verschwundenen Körpern, und umgekehrt können die Körper als ein Vehikel von Geschichte erscheinen, als ihre dynamischen Vektoren. Napoleon III. behauptete, daß "für den Kriegsmann die Erinnerung die Wissenschaft selber ist".

(1) Marx-Engels-Werke, Bd. 5, S. 112, "Details über den 23. Juni".
(2) Zitat nicht nachgewiesen und nicht gefunden (A.d.Ü
(3) Die pariser Presse popularisierte diesen Ausdruck nach einem Angriff auf ein städtisches Fahrzeug in der Rue de Bagnolet durch einen Trupp von Ganoven, deren Leitbild der berühmte "Goldhelm" war.
(4) Joseph Goebbels, Kampf um Berlin, München 1934, S. 86; "Kampf um Berlin" erschien 1931, zwei Jahre vor der nationalsozialistischen Machtübernahme, und wurde von Goebbels "der alten Berliner Parteigarde" gewidmet.
(5) ebd.
(6) ebd. S. 46
(7) ebd. S. 46
(8) Dromomanen. Mit diesem Namen wurden unter dem Ancien Régime Deserteure bezeichnet, und in der Psychiatrie bezeichnet er die Manie des Umherwanderns.
(9) Goebbels, a.a.O., S. 18
(10) P. Virilio, "Circulations habitable", in: Architecture Principe Nr. 3, Paris, April 1966.
(11) siehe Anmerkung 1
(12) Arthur Young, Reisen durch Frankreich, Bd. 1, Berlin 1793, S. 167 ff
(13) siehe der "Pilgrim's progress", in : Lewis Mumford, "The culture of cities", New York, 1938.
(14) ebd. Das Vorhandensein des Bodens wurde vor dem Dasein der Bodenspekulation als ausreichend angesehen.
(15) P. Virilio, "L'insécurité du territoire", S. 77ff, Collection "Monde Ouvert", Stock 1976
(16) "Cours de fortification permanente" der "Ecole d'application du génie et de l'artillerie", 1888, Zitat von Vauban.
(17) MEW, Bd. 29, S. 192

(18) siehe (16)
(19) ebd. Hier bezieht sich die militärische Planung wieder auf das Schema der städtischen Festung, denn ursprünglich stellten sich die Fragen von Gesundheit und von Beseitigung des "Abfalls" in der Stadt - seit dem 14.Jhd. beschäftigt die Verseuchung das englische Parlament.
(20) "Vauban" von Colonel Lazard,Librairie Alcan, 1934. Vorwort von Weygand:"Der Autor entdeckt in den Schriften Vaubans den Ausdruck des 'befestigten Landes', den er erfreulicherweise mit den 'befestigten Regionen' vergleicht; ist der Pionier des Geniekorps nicht immer ein Wegbereiter? Indem Colonel Lazard am großen Kriegsmann insbesondere die Seite des Ingenieurs untersucht, gelangt er dahin, ihn von jedem Formalismus freizusprechen. *Er bekräftigt und er beweist, daß das wahre System Vaubans darin besteht, die Festungsbaukunst auf dem Gelände anzuwenden*. Wenn es darum geht, unseren Boden zu verteidigen, so haben wir in den letzten Jahren nichts besseres gefunden."
(21) Die pariser Hanse muß man als "Kaufleute des Wassers bezeichnen, die aus dem Gebrauch der Flüsse Gewinn schlugen". (vergl. "Anciennes lois francaises", Bd. XVIII)
(22) Hegel nach Virilio im Januar 1807 an einen Freund. Hegel schrieb am 23. Januar 1807 an Zellmann: "Die französische Nation ist durch's Bad ihrer Revolution nicht nur von vielen Einrichtungen befreit worden, über die der Menschengeist als über Kinderschuhe hinaus-war und die darum auf ihr, wie noch auf den anderen, als geistlose Fesseln lasteten,sondern auch das Individuum hat die Furcht des

Todes und das Gewohnheitsleben, das bei Veränderung der Kulissen keinen halt mehr in sich hat, ausgezogen...", "Briefe" von und an Hegel, Hrsg. J. Hoffmeister, Bd.1, Hamburg 1952

(23) J.W.Goethe, "Belagerung von Mainz", in: Werke Bd.10, Hamburger Ausgabe, S.387ff.

(24) Friedrich Ratzel, "Politische Geographie", München-Berlin 1903, S. 93

(25) Helmut Klotz, Der neue deutsche Krieg, Paris 1937, S. 84

(26) Während zu der Zeit die Rüstungsindustrien bereits Produktionseinheiten von 5000 Arbeitern hatten.

(27) André-François Poncet u. Emile Mireau, "La France et les huit heures", Société d'études et d'informations économiques" 1922

(28) Die Abschaffung des Geständnisses. Im Mittelalter wurde die Untersuchung mit Hilfe der Folterung eines Körpers durchgeführt, der die "Wahrheit kennt" und sie gegen seinen Willen preisgeben muß. Im 19. Jahrhundert wurde die Folter abgeschafft, und zwar nicht im Namen der Menschlichkeit, sondern weil man sich klar machte, daß jede Handlung (jede menschliche Bewegung) äusserlich eine Spur, einen ungewollten materiellen Abdruck hinterläßt. Seitdem bringt man die Beweise wissenschaftlich *zum Sprechen*, in gewisser Weise läßt man sie an Stelle des Verdächtigen "gestehen", indem man diese materiellen Spuren entsprechend eines schlüssigen Verlaufes/Diskurses anordnet. Aufgrund einer Rechtsprechung, die der theatralischen Form von Dialogen sehr ähnlich ist, haben die Angel-Sachsen sehr schnell herausbekommen, daß man aufgrund identischer materieller Beweise, gleicher Tatsachen, ver-

schiedene Schlußfolgerungen ziehen konnte, die sich gegenseitig durch die schlichte Umkehrung der Anordnung der Materialien zunichte machen. Die Psychoanalyse ist in gewisser Weise an die Stelle getreten, indem sie die Stichhaltigkeit äußerer Spuren durch die inneren Eindrücke des Verbrechens ersetzte, das psychiatrische Geständnis wird vom Subjekt gegen seinen Willen erlangt, es öffnet zwar die Lippen, aber in Form von unschlüssigen Hinweisen und Tatsachen, die nach den Schemata der psychoanalytischen Wissenschaft ausgewertet werden. Nicht nur ist der anhaltende Fluß des psychiatrischen Geständisses nicht das Ergebnis des subjektiven Willens, es betrifft auch nicht mehr nur den Zeitpunkt des Verbrechens und die dem Subjekt allein bekannten Umstände, sondern einen ganzen Komplex, der von der Geburt des Angeklagten bis zur Diagnostik eines abschließenden Urteils reicht. Wenn man im Verlaufe der Testreihen auch ein Geständnis bekommt, so ist es offensichtlich, daß dieses nicht mehr als ein Bericht des Verbrechens ist, das vom Autor begangen wurde. All das wurde insbesondere noch durch die Entdeckung von kriminalitätsfördernden Zonen in den Systemen der Verstädterung komplettiert, und darüber hinaus noch durch die Rasterfahndung, die gegenwärtig von der Polizei geprobt wird. Man kann glauben, daß auf dieser Ebene die Lükken und Zufälle aufgrund der Ordnung der Tatsachen verschwinden könnten, da man mit Hilfe der Informatik die Anklage absolut schlüssig oder zumeist nahe der absoluten Schlüssigkeit formulieren könnte, indem man zugleich im Namen des Subjekts und des Objekts verhandelt. Von da an kann man auf das Geständnis des Angeklagten völlig verzichten, der über sein Verbrechen weniger wüßte als der Computer, wer nicht mehr über die "Wahrheit" verfügt,hat nichts mehr zu gestehen. Das ist bereits zu einem guten Teil das Modell für die Sozialarbeit in Frankreich.

(29) Leo N. Trotzki, Der Krieg und die Internationale,Berlin 1919,S. 60

II. DER DROMOLOGISCHE FORTSCHRITT

1. Vom Recht auf den Raum zum Recht auf den Staat

> "Das dem Wasser ausgesetzte Wesen ist ein Wesen im Taumel. Es stirbt in jeder Minute, unaufhörlich zerfließt etwas von seiner Substanz."
>
> Bachelard

Eine englische Karikatur des 19. Jahrhunderts zeigt Bonaparte und Pitt, wie sie mit Säbelhieben einen großen Pudding in Form der Erdkugel aufteilen, der Franzose nimmt sich die Kontinente, während der Engländer sich das Meer reserviert. Das ist eine andere Art der Aufteilung des Universums: anstatt sich auf demselben Gebiet, in den Grenzen eines Schlachtfeldes zu bekriegen, ziehen es die Gegner vor, eine fundamentale physische Auseinandersetzung zwischen zwei Menschheiten zu erfinden, von denen die eine die Erde und die andere die Meere bevölkert; Nationen erfinden, die nicht mehr irdisch sind, das wären also Heimatländer, auf die man nicht mehr die Füsse setzen kann, Heimatländer, die keine Länder mehr sind. Das Meer ist das freie Meer, die Verbindung eines demos mit dem Element der Freiheit (der Bewegung). Das "Recht auf das Meer" ist anscheinend genauso eine spezifisch abendländische Erfindung wie später das "Recht auf den Luftraum", ein Element, in dem Luftmarschall Göring die *fliegende Nation*[1], den Nazi-Demos installieren wollte. "Jeder Deutsche muß fliegen lernen...Die Flügel schlummern unter der Haut des Menschen." Beim Start der ersten Raketen sagte Hitler, der die militärische Niederlage vorausahnte, zu Dornberger: "Wenn ich an Ihre Arbeiten geglaubt hätte, wäre kein Krieg nötig gewesen..." *oder zumindest wäre es nicht notwendig gewesen zu kämpfen!*

Ohne zu kämpfen, einen kontinentalen Gegner zu besiegen, der sich unaufhörlich in die raum-zeitlichen Grenzen des Schlachtfeldes zu Lande begibt und sich dabei erschöpft, genau das ist England bekanntlich gelungen. Hitler ist ebenso wie Napoleon durch die Männer der *fleet in being*[2] besiegt worden, die ihren Sieg immer ihrer Unnahbarkeit im Kampfe und dem Fehlen jenes schädlichen Prinzips verdankt,demzufolge angegriffen werden muß, sobald der Feind erscheint, da die Distanz zwischen ihm und uns verringert werden muß. *Die "fleet in being" ist die Logistik, die die Strategie als Kunst der Bewegung nicht sichtbarer Körper absolut vollendet,* sie beinhaltet die permanente Präsenz einer unsichtbaren Flotte auf dem Meer, die den Gegner egal wo und wann überraschen kann, indem sie seinen Machtwillen durch die Schaffung einer globalen Zone der Unsicherheit zunichte macht, in der er nicht mal mehr in der Lage ist,mit Sicherheit zu "entscheiden", zu *wollen*, das heißt zu siegen. Es gibt hier also eine völlig neue Idee von Gewalt, welche nicht mehr durch direkten Zusammenstoß und das Blutvergiessen entsteht, sondern durch den ungleichen Besitz von Armee-Körpern und durch die Bewertung der Quantität von Bewegungen, die ihnen in einem bestimmten Element möglich sind, und somit durch die permanente Verifikation ihrer dynamischen Wirksamkeit. Wenn Napoleon die Kampfkraft einer Armee in mechanischen Begriffen beurteilte, so begriff Moritz von Sachsen als einer der ersten auf dem Kontinent, daß *Gewalt ausschließlich auf Bewegung reduziert werden kann*: "Ich bin nicht für Schlachten, ich bin überzeugt, daß ein ge-

schickter General *sein ganzes Leben lang Krieg führen kann*, ohne zur Schlacht *gezwungen* zu werden."[3] Demzufolge kann man in einem beschränkten und ungleichen Raum des abendländischen Europa nicht beabsichtigen, "den Gegner aufzulösen", ohne eines Tages zu einem direkten Zusammenstoß mit den immer zahlreicher werdenden militärischen Massen gezwungen zu werden: das Eingeschlossensein Deutschlands ist das beste Beispiel für diesen historisch und territorial bedingten Zwang ,der eine hastige und blutige kriegerische Gesinnung, die der preussischen Theorie, hervorbringt. Im Gegensatz dazu kann eine home fleet auf dem maritimen Glacis nahezu unendlich einer Schlacht aus dem Wege gehen, sie kann vom Gegner zu *keinerlei verzweifeltem Kampf* gezwungen werden, vorausgesetzt, daß sie - vollständig gegenwärtig - außer Reichweite bleibt.
Nicht zu einem verzweifelten Kampf gezwungen werden, sondern beim Gegner eine andauernde Verzweiflung hervorrufen, ihm permanent moralische und materielle Sorgen bereiten, die ihn schwächen und *ihn entkräften* lassen, diese direkte Strategie kann ein Volk ohne Blutvergießen zur Verzweiflung bringen, wie das Sprichwort sagt: "Die Furcht ist der grausamste Mörder,sie tötet nicht, aber sie hindert am leben." Die Idee des Glücks, diese nach Saint-Just neue Idee für Europa, war nach alledem für die Kontinentalen vielleicht nichts anderes als eine Weise, diesem vom Meere kommenden moralischen Zwangsmittel, diesem Verlust ihrer Substanz zu widerstehen.

1914 dauerte die Blockade der Alliierten zwei Jahre, bis sich die ersten Wirkungen bei der deutschen Zivilbevölkerung bemerkbar machten, aber diese Auswirkungen waren noch lange nach dem

Ende der Landschlachten zu spüren, sie waren ein indirekter Faktor der Entkräftung: eben diese verlängerte Verzweiflung hat den Boden für die passionelle Politik des Nazismus und für die faschistische Domestizierung des deutschen Volkes bereitet. Ebenso ist der schnelle materielle und moralische Zusammenbruch, den man gegenwärtig im abendländischen Europa konstatieren kann,nur ein fernes Resultat der amerikanischen geo-strategischen Rückwendung, die auf unserem Kontinent aus der Ferne eine neue ökonomisch-physiologische Krise erzeugt.
Die von den Handelsvölkern angestrebte indirekte Strategie reproduziert in einem anderen Element die Effekte der alten kommunalen Stadtbelagerungskunst (Poliorcetik). Wie bei einem früheren "Belagerungszustand" ermöglicht sie es,die Feindseligkeiten gegen die nun nicht mehr zivilen,städtischen, sondern kontinentalen Bevölkerungen unendlich zu verlängern.
Diese indirekte Strategie repräsentiert eine Erneuerung des Kapitalismus, da gerade sie das technische Außerkraftsetzen der alten Festungen beinhaltet, die unmodern sind und durch die Macht der neuen Armeen des Staates hinfällig sind; sie ist eine Antwort auf die übertriebenen ökonomischen Forderungen der kontinentalen Militärklasse und auf deren Absicht, den Zirkulationsfluß auf der Erde zu beherrschen.
Der ökonomische Liberalismus illustriert letztendlich genau die Definition von Errard de Bar-le-Duc: *der Angriff ist entsprechend den Epochen der Erfindung von Zerstörungsmaschinen verschieden*. Dieser entschlossene Widerstand der Bourgeoisie gegen die Konzeption des Terrritorialkrieges ist seitdem das Prinzip eines Kapitalismus, der - indem er amphibisch wird - den totalen Krieg auf dem Meer und in den Kolonien an-

wendet, der buchstäblich aus der "großen immobilen Maschine" in die "mobile Maschine" springt, indem er die Ozeane zu einem "riesigen logistischen Heerlager" macht und hinter sich her ein Proletariat zieht, das in das Funktionieren des Meervehikels eingespannt ist - ein Proletariat von Ruderern, das wahrhaftig als Motor der Maschine und Beschleunigungskraft im Augenblick des Kampfes erscheint.

Die fleet in being schafft eine neue dromokratische Idee,denn es handelt sich hier nicht mehr um die Überquerung eines Kontinentes oder eines Ozeans, es geht nicht mehr um die Verbindung von einer Stadt zu anderen, von einem Ufer zum anderen, die fleet in being erfindet einen Begriff von Ortsveränderung, der in Zeit und Raum keinerlei Ziel mehr hat; sie läßt an die ursprüngliche Vorstellung des Verschwindens in der Ferne denken und nicht mehr an das Verschwinden in den Risiken einer unmittelbaren Konfrontation, sie realisiert in Permanenz eine Fahrt ins Jenseits.Der Zweck der Maschine wird hier notwendig und egal wie zu einer Nicht-Wiederkehr und zur normalen Bestimmung der schwimmenden (Kriegs-)Maschine, die Körper und Güter verliert oder sogar den Schiffbruch simuliert, wie jene Unterseeboote, die, um ihren Verfolgern zu entgehen, ihr Verschwinden antizipieren, indem sie nachgemachte Wrackteile und Treibstoff über Bord werfen,oder wie jene alten Kriegsschiffe, die man ein letztes Mal zurückriß, um sie in der Apotheose einer letzten Explosion im Meer zu versenken, eine Inszenierung der großen Seebestattung, bei der das Schiff von dem flüssigen Trichter eines Mealstromes angezogen wird, angezogen durch seinen eigenen Kurs der Nicht-Wiederkehr.

Gordon Pym oder Moby Dick sind nur antizipierte Berichte der nuklearen Kriegsführung, das strategische Unterseeboot braucht sich überhaupt nicht zeigen, es bescheidet sich damit,unsichtbar zu bleiben und das Meer zu halten, aber sein stündliches Ende ist bereits vorgezeichnet. Seitdem übrigens die fleet in being zu einer fundamentalen Gegebenheit des Seerechtes geworden ist, sind die Forscher, Entdecker und Liebhaber von Fernfahrten aller Art, wenn sie noch neue Länder suchen, darauf verwiesen, Passagen zu erfinden, das heißt absolut zirkuläre, ununterbrochene Reisen zu realisieren, da sie weder einen Ausgangspunkt noch einen Ankunftsort hätten, also auf die Realisierung einer Schleife der Nicht-Wiederkehr verwiesen wären, welche bereits durch die zirkulären oder triangulären Seefahrtsrouten des europäischen Merkantilismus vorweggenommen wurde.

So bildete sich auf den Meeren eine neue Form von politischem Recht. Das "Recht auf das Meer" war ursprünglich, wie man sagte,"eine eher affektive und poetische als eine rationale Regelung". Es ist richtig, daß die Mittelmeerstädte oder die armen, übervölkerten und flächenmäßig kleinen Inselnationen, welche das "Meer bearbeiteten", indem sie einen maritimen Demos schufen,damit keineswegs die Unterwerfung unter irgendein altes Bodenrecht wollten. *Das freie Meer* sollte alle sozialen, religiösen oder moralischen Zwänge, jeden politischen, ökonomischen und bis an die Grenze der physischen Gesetze gehenden Druck, der sich von der irdischen Schwerfälligkeit und der kontinentalen Enge herleitete,aufwiegen.Aber das Recht auf das Meer ist sehr schnell zu einem Recht auf Verbrechen und zu einer ebenfalls von jedem Zwang befreiten Gewalt geworden...Bald ersetzte das "Seereich" das freie Meer; ein Chronist

des 17. Jahrhunderts sieht dessen Vorläufer an den Ufern, wo "die schreckliche Tätigkeit der Strandräuber vorherrscht, welche die Überlebenden von Schiffbrüchen, die sie mit ihren falschen Leuchtfeuern selber herbeiführen, massakrieren und ausplündern..." Überall beobachtet er nur "Exzesse, *die durch den Umgang mit dem Meer geheiligt werden ...*"
"Der monströse Despotismus, der im Namen der Handelsmonopole nach einer *Alleinherrschaft* über die Ozeane trachtet... entspricht dem Eroberungsrecht, das nach Venedig, Spanien oder Lissabon von den Holländern beansprucht wird." Weiter unten schreibt er: "Das Furchtbare daran ist,daß all diese mächtigen Seeorganisationen nicht das Produkt von Staaten sind, sondern ein selbsttätiges Produkt des Handelsgeistes dieser Nationen, angesichts dessen der Staat nur noch die Rolle hat, sie zu sanktionieren und sich anzugliedern." Es ist somit gar nicht so erstaunlich, daß ein Händler und Freibeuter wie Laffite die Veröffentlichung des Manifestes von Marx finanzierte. Dessen Vision eines internationalen Staates,der aus der Gesellschaft "als deren Produkt in einem gegebenen Augenblick ihrer Entwicklung" entsteht, ähnelt genau jenem selbsttätigen Reich der "Fuhrleute des Meeres", aus dem die erste moderne Industrienation der Welt entstand, die überall und nirgends ist, vom kommerziellen Tausch überlagert ist, allein ökonomischen Interessen dient, auf das Verschlingen und Verschwinden von Leib und Gut ihrer Gegner ausgerichtet ist, ein Staat der totalitären Diktatur, dessen Volk die "Fesseln gesprengt" und das Land verlassen hat, das erste Volk, das vollständig der Definition des Industrieproletariats von Marx entspricht: "Die Arbeiter haben kein Vaterland... die Nabelschnur,die den Arbeiter mit dem Boden verbindet,muß durch-

schnitten werden..."[4] In England gab es bis ins 19. Jahrhundert Matrosenrazzias, bei denen man ganz einfach durch eine Order des Königs die Häfen schloß und Seeleute zusammensammelte. In Frankreich, wo die Industrialisierung des Seekrieges ein immer größeres Personal erforderte, befahl man im 17. Jahrhundert eine Zählung und Auflistung der ganzen Küstenbevölkerung, welche "für eine einzige und große Armee für befähigt und angemustert erklärt wurde, die abwechselnd für den Krieg, den Handel und infrastrukturelle Arbeiten dienen sollte", und genau das nennt man Klassensystem. Diese erste Operation militärischer Proletarisierung durch den Staat liegt nur kurz vor der Französischen Revolution, sie ist so etwas wie ein erster gemeinsamer Eintritt der Massen ins Transportwesen. Eine übrigens sehr seltene Tatsache; man machte sich Sorgen über die "Nationalität" des neuen Proletariats; deportiert durch den totalen Krieg, mußte man seine Herkunft nachweisen, war man fremd, so mußte man sich innerhalb von fünf Jahren naturalisieren, Fahnenflucht wurde scharf bestraft und der Staat praktizierte eine soziale Kontrolle der Familien, indem er sich zum "Schutzherr der Frauen und Kinder" von eingezogenen Arbeitern aufwarf. Somit bestand auch hier die Auswirkung der Expansion des Krieges darin, daß die Proletarisierung mit juristischer und polizeilicher Unterdrückung einherging: man rekrutierte aufs Geratewohl und die Proletarier sahen sich mit der Gruppe der Deportierten und Galeerensträflinge vermengt, welche die Tribunale unter dem Druck der Regierung in großer Zahl "fabrizierten". Bereits im 17. Jahrhundert war das See-Proletariat buchstäblich ein Volk von Zuchthäuslern, "von Verdammten dieser Erde". Die theoretische Opposition von Marx und Engels gegenüber den Anhängern Proudhons verbindet sich schließlich mit den Gedanken Colberts, der die Unfähigkeit der Franzosen,ein allmächtiges Seereich zu schaffen, und ihren Rückstand auf dem Gebiete der Kolonialisierung bedauert: "So sehr man sich auch in Marseille vergnügen kann, es gibt keine Handelsgesellschaften... Eher vernachlässigen sie das beste Geschäft der Welt als eine Vergnügungsfahrt in ein Landhaus zu versäumen, und mehr noch, sie wollen keine großen Schiffe, sie wollen nur kleine Barken,damit jeder sein eigenes hat..."[5] Die Schaffung eines *Rechtes auf das Meer* verträgt sich, was auch immer man davon hält, schlecht mit jener Begabung zu irdischem Glück, das aus Einfachheit und Unabhängigkeit besteht, wie man es im Süden vorfindet. Ebenso entsteht die gesellschaftliche Utopie weniger aus Klassenantagonismen als aus einem Haß auf die Erde - man kann das Spiel der Vergleiche zwischen ihrem gesellschaftlichen Entwurf und den Plänen für ein Reich der Meere,in dem Marx begraben wurde,unendlich fortsetzen[6].

Aber es scheint weitaus interessanter, den chronometrischen Aspekt dieses Reiches zu betrachten, das seine Gewaltförmigkeit in die Unsichtbarkeit des maritimen Glacis verlagert, eine schwimmende Nation, die der Geschichte ähnelt, jener anderen Maschine zur Beschleunigung der Zeit. Der Sieg (die Entscheidung) einer fleet in being erfordert in einer Welt ohne feste Punkte und Zusammenstöße tatsächlich, daß - wenn man sich schon nicht mehr auf die Erde bezieht - man sich zumindest auf die Zeit,das heißt auf die planetarische Mechanik, beziehen muß. Aus diesem Grunde waren die Engländer lange Zeit die besten Uhrmacher der Welt; die Beherrschung des Meeres erforderte die der Zeit, also "das nach dem Mond Gucken", wie man früher sagte.

Und es ist ganz natürlich, daß der moderne Ausdruck 'Volkskrieg' unter dem Einfluß der Engländer bei den Insulanern (Paoli auf Korsika unter Ludwig XV.) und bei einer Nation von Seefahrern aufkommt, also bei Spanien gegen das französische Reich. Der Volkskrieg spielte sich bereits nicht mehr auf einem Territorium ab, er propagierte ein Verschwinden des Armeekörpers in der Gesellschaft selber (der neue Soldat soll sich in ihr wie "ein Fisch im Wasser" verhalten, die Anspielung auf das flüssige Element ist hierbei kein Zufall); wie der Krieg auf dem Meer ist der Volkskrieg ein Krieg, in dem dynamische Armeekörper aufeinander treffen... Außerdem bezieht er sich auf "Exzesse, die durch den Umgang mit dem Meer geheiligt werden", auf absolute Gewalt und das Verschwinden von Moral und alten Gesetzen, der Volkskrieg ist total.
Wir haben noch nicht genügend den Augenblick in der Geschichte des Abendlandes zur Kenntnis genommen, in dem der Übergang vom natürlichen Vitalismus des maritimen Elementes (die Fähigkeit, Dinge anzuheben und zu versetzen, schwere Maschinen gleiten zu lassen) zum unvermeidlichen technologischen Vitalismus[7] vollzogen wurde, dieser historische Augenblick, in dem der technische Körper des Transportes das Meer verläßt wie der unvollendete lebendige Körper des Evolutionismus, der sich aus seinem ursprünglichen Milieu herausschlängelt und zur Amphibie wird; inhaltslos und als reine Idee entsteigt die Geschwindigkeit dem Meer wie Aphrodite, und wenn Marinetti ausruft, daß das Universum um eine neue Schönheit bereichert sei, die Schönheit der Schnelligkeit, und ein Rennautomobil mit der Nike von Samothrake vergleicht, vergißt er, daß es sich in Wirklichkeit um dieselbe Ästhetik handelt, die der Transportmaschine; die Verbindung der fliegenden Frau mit

einem antiken Kriegsschiff wie auch die Verbindung von Marinetti, dem Faschisten, mit seinem Straßenrenner, dem Boliden, in dem er am Lenkrad sitzt, "dessen gedachte Achse die auf den Umkreis ihrer Planetenbahn geschleuderte Erde durchbohrt", entspringen diesem technischen Evolutionismus, dessen Verwirklichung bedeutsamer ist als die der lebendigen Welt: das Recht auf das Meer erzeugt das Recht auf die Fernstraße der modernen Staaten, die eben dadurch zu totalitären Staaten werden.

Wenn Norman Angell in "Die falsche Rechnung" konstatiert, daß der Krieg *finanziell wertlos* geworden ist, weil er nicht mehr *auf dem Raub zum Nachteile einer "ausländischen Gruppe"* beruhe, das heißt auf *wegtragbarem Reichtum,* sondern eher auf Krediten und Handelsverträgen, so hat er unrecht, wenn er meint, daß dadurch die "Eroberung" radikal unterdrückt würde; es fehlt seinem Diskurs ein wenig an Schärfe; was diese Veränderung des Wesens des Reichtums wirklich zeigt, ist allein ein Wechsel der Geschwindigkeit der Weltökonomie, das heißt ein Übergang von beweglichen Einheiten zu zeitlichen Einheiten, ein *Krieg um Zeit*.

Mit der fleet in being konzentrierte England seine Bemühungen um technische Innovation auf das Gebiet des Transportes und insbesondere auf die Fabrikation von schnellen Maschinen. Genau daraus bezog es seine ökonomische Vormachtstellung und eben jene Ausrichtung, die es zur ersten großen Industrienation machte, zum Modell für alle anderen, indem es "jenes vorherrschende Gefühl von technischer Überlegenheit, welches sich mit dem Gefühl allgemeiner Überlegenheit vermengte", erzeugte. Es gibt tatsächlich keine "industrielle Revolution", sondern eine "dromokratische Revolution", es gibt keine Demokratie, sondern Dro-

mokratie, und es gibt keine Strategie mehr, sondern Dromologie. Genau in dem Moment, wo das Modell des abendländischen technologischen Evolutionismus das Meer verläßt, löst sich das Wesen des Reichtums auf und beginnt der Ruin der mächtigsten Völker und Nationen - man erinnere sich bei dieser Gelegenheit an die jüngsten Erklärungen Carters zum Ende des american way of life.
Die Geschwindigkeit als Wesen des dromologischen Fortschritts ruiniert den Fortschritt, die Permanenz des Krieges um Zeit schafft einen totalen Frieden, den *Frieden der Entkräftung*[8]. Die Affäre um die Überschallmaschine S.S.T., gefolgt von der um die Concorde, illustriert genau dieses System des Ruins (das derart ruinös ist, daß die fortgeschrittenen Staaten sich zur Produktion dieser ausschließlich dem Gesetz der Geschwindigkeit unterliegenden Maschinen zusammenschließen müssen).
Wie zu Beginn der fleet in being erfordert die Aufrechterhaltung eines Monopols, daß jeder neuen Maschine sogleich eine noch schnellere Maschine entgegengestellt wird; aber da die Schwelle der Geschwindigkeiten unaufhörlich zusammenschrumpft, wird die Entwicklung von schnellen Maschinen immer komplizierter, oft sind sie schon veraltet, bevor sie eingesetzt werden; das Produkt ist buchstäblich gebraucht, bevor es eingesetzt wird, wodurch es mit "Geschwindigkeit" jedes Profitsystem industrieller Abnutzung überholt!

Wenn die Reichtümer, die Kapitalisierungen und Produktionsweisen befreit werden, so nicht, um den Austausch, den freien Tausch, also ihre Vergesellschaftung zu unterstützen, sondern zum Vorteil *ihrer eigenen vehikulären Macht* und zur Maximierung ihrer dynamischen Effizienz; darin liegt die "Bedeutungslosigkeit" des im Wesen des dromologischen Fortschritts verschwundenen Reichtumes.

Der abendländische Mensch erschien trotz einer wenigen zahlreichen Bevölkerung als überlegen und dominierend, weil er *schneller* war. Im kolonialen Völkermord oder im Ethnocid ist er *der Überlebende*, weil er tatsächlich *überaus-lebendig* (sur-vif) ist - das französische Wort ,vif enthält zumindest drei Bedeutungen: die Schnelligkeit (la promtitude) und die mit der *Gewalt* (de vive force: mit nackter Gewalt, arête vive: scharfkantig etc.) und dem *Leben* selber (être vif,c'est être en vie: lebendig sein heißt,am Leben sein!) verbundene *Geschwindigkeit* (la vitesse).

Mit der Realisierung eines Fortschrittes auf dromokratische Art hören die Menschen auf,sich zu unterscheiden; um sich auf den Boden der Realität zu begeben, neigen sie dazu,sich gleichermassen *in hoffende Völker* (denen es erlaubt ist,zu hoffen, daß sie das Kommende, die Zukunft oder die Geschwindigkeit erreichen, welche sie kapitalisieren, indem sie ihr Zugang zum Möglichen geben, das heißt zum Entwurf, zur Entscheidung und zum Unendlichen - *die Geschwindigkeit ist die Hoffnung des Abendlandes*) -
und *in hoffnungslose Völker* aufzuteilen, die durch die Unterlegenheit ihrer technischen Fahrzeuge blockiert sind und in einer endlichen Welt wohnen und subsistieren.
Somit wurde die mit Macht/Wissen verbundene Logik zum Vorteil von Bewegung/Macht, das heißt zugunsten der Erforschung von Tendenzen und Strömungen,eleminiert. Das ist derartig wichtig, daß man an der Ecole Militaire in Frankreich seit fünf Jahren keine Geographie mehr lehrt und die Polizei gegenwärtig die 'Rasterfahndung' erprobt.[9]
Dieser neuen, reinen und inhaltsleeren Ordnung bleiben die Imperien mit riesigen Territorien wie China trotz ihrer "Modernisierungs"-Versuche

seit dem 19. Jahrhundert unterworfen, da sie dieser Penetration nichts entgegenzusetzen haben; und die chinesischen und vietnamesischen Volksarmeen betreiben gegenwärtig eine sehr schwierige Revision, indem sie sich in eine (schnelle) technische Armee und eine Volksarmee aufspalten, die einen (langsamen) "animalischen Wert" und dadurch im Falle einer nuklearen Katastrophe einen "Überlebenswert" repräsentiert. Hierbei kann man sich erinnern, daß die chinesische Bevölkerung der Region Shanghai bereits 1932 diese Rolle gespielt hat: sie gehörte tatsächlich zu den ersten auf der Welt, die das Experiment von massiven Luftangriffen durch die Japaner ertragen mußte, die eine totale Zerstörung der städtischen Zentren beabsichtigten. Zur Ausarbeitung ihrer eigenen "Sicherheitspläne" waren die deutschen Generalstäbe sofort mit Neugier an den sozialen Auswirkungen dieser Überfälle interessiert: Alarmproben, Übungen, Luftschutzprogramme für die Städte etc. sollten nach Meinung der politischen Machthaber zu einem großen Teil zur psychologischen Formierung der deutschen Bürger beitragen. Durch eine genaue Umkehr der Dinge sind es heute die Chinesen, die sich in großem Maße von dieser nationalsozialistischen Mobilisierung inspirieren lassen...
Im Krieg um Zeit ist das soziale Jenseits der Bevölkerungen zu einem Jenseits der Stunde Null als letzte revolutionäre Hoffnung geworden!

Aus einem Volk in Waffen ein rein technisches militärisches Element herauszulösen, war also für die chinesischen Machthaber eine kapitale politische Entscheidung, denn nirgendwo waren die Armeen und die Bevölkerung so biologisch miteinander verbunden geblieben, auch nicht als Produktionsmittel. Jene revolutionäre Einheit wurde durch das Auftreten einer anderen Evidenz brutal zerstört, der Klassenkampf wurde durch einen Kampf *technischer Armeekorps entsprechend ihrer dynamischen Effektivität* ersetzt: Luftwaffe gegen Marine, Landstreitkräfte gegen Politiker/Polizei etc., eine in Lateinamerika seit langer Zeit karikaturhaft vorgeführte Situation.

2. Der praktische Krieg

"Hurra! Nichts bindet mich mehr an die unreine Erde!"
Marinetti, 1905

1914 waren die europäischen Generalstäbe noch an Clausewitz oder Napoleon orientiert, für sie ging es darum, ihre Absichten in einem Landkrieg mit schneller Durchschlagskraft und kurzen entscheidenden Schlachten durchzuführen. Der Vorteil dieser Art von Konflikt bestand darin, die durch die militärische Verwaltung der Territorien gestellten Probleme zu vermeiden, wobei die erforderliche logistische Anstrengung weniger wichtig und vor allem weniger konstant war, in gewisser Weise ein Krieg ohne Terrain oder zumindest ohne es kaum zu beschädigen!

Man hat hier noch den Geist des Wiener Kongresses, wo die monarchistischen europäischen Mächte, die den Gnadenstoß kommen fühlten, einen letzten Höhepunkt hatten. Wie Clausewitz in "Vom Kriege" versuchten sie verzweifelt, einen Riegel zwischen den absoluten und den totalen Krieg zu schieben. Der totale Krieg ist allgegenwärtig; er realisiert sich zunächst auf dem Meer, weil das maritime Glacis der Bewegung von Fahrzeugen auf dem ganzen Planeten natürlich keinerlei Hindernisse in den Weg legt. Später konnte diese Art von totalitärer Auseinandersetzung unter der Bedingung auf dem Lande realisiert werden, daß dauerhafte Infrastrukturen die Allgegenwärtigkeit ermöglichten. Der Krieg muß, wie Vauban bemerkt, unmittelbar alle bewohnbaren Teile des Universums überziehen können.

"Ubique quo fas et gloria ducunt", der englische Geist der Pionierkorps endete,als er seine Devise bedeutungsvoll auf ubique ... überall reduzierte. Das bedeutet ein durch den militärischen Geist neuerlich eingerichtetes Universum, die Erde "kommuniziert" wie ein einziges einheitliches Glacis, wie die Infrastruktur eines künftigen Schlachtfeldes[10]. Das ist die Welt; von einer "Werkstattlandschaft... verwandelt sie sich zur 'Planlandschaft', zum 'imperialen Raum'", wie Lukács zum deutschen Sozialismus bemerkt. Anläßlich der Aufnahme von Lesseps in die Académie Française warf Renan ihm vor, "den Krieg gefunden zu haben, als er den Frieden suchte", indem er aus dem Suezkanal einen neuen Bosperus machte. Ein Jahrhundert ist seitdem vergangen, in dem Renans Voraussage nicht wiederlegt wurde, das Durchbrechen der Landbrücke bei Suez war ein alter polytechnischer Traum, für den zahlreiche saint-simonistische Ingenieure gestorben sind; von den Militärexperten wurde seine Realisierung übrigens als ein neues Indiz für die Reibungslosigkeit in der Gesamtheit der internationalen Beziehungen angesehen, als ein Punkt der möglichen Beschleunigung im Interferenzraster der Weltstrategie; indem man "die Karte der Welt neu machte", öffnete man den Weg in Richtung Orient zugleich neuen vertikalen Trusten und dem "Transport des Krieges". Mit der großen geo-strategischen Revolution des 19. Jahrhunderts wurde die ökonomische und soziale Organisation vollständig von der Organisation des Tätigkeits-Raumes als Ort von Transfer abhängig und das Phänomen des Krieges fing an, sich selbst zu nähren, indem es die Anlässe für seine eigenen Konflikte selber schuf und sie vervielfältigte - man stirbt andauernd für Suez oder Panama.

Noch 1914 war das ländliche und abgeschlossene Frankreich zu einer Entwicklung der Allgegenwärtigkeit des militärischen Verkehrswesens kaum bereit, und die mit schweren französischen mobilen

Maschinen vorangetriebene Auseinandersetzung versank mit diesen im Schlamm, der Krieg war kein kurzer und charmanter Spaziergang mehr, kein Touristenausflug, die Gegner gruben sich ein und lernten beispiellose Schlachten kennen, denn wie bei Verdun dauerten sie ein Jahr - von Februar bis Dezember 1916... *Die Armeen konnten nicht mehr kommen und gehen.*
Die französische Reaktion war sehr bedeutsam, man wollte in erster Linie die politische Distanz wahren und man bekräftigte noch einmal das kommunale Modell als Garant der inneren Ordnung; durch eine Demarkationslinie wurde das Land in zwei Teile geteilt: ein ziviles Frankreich im Hinterland, mit seiner demokratischen Regierung, seinen ökonomischen und industriellen Aktivitäten und mit seinem neuen Matriarchat von Frauen in der Waffenproduktion (das dem feministischen Kampf seinen zweifelhaften Charakter geben wird), und ein "militärisches" Frankreich, eine Zone der Armeen, ein befestigtes Glacis, zu dem Ferry[11] bemerkt: "Der kommandierende General ist kein Leiter des Krieges, sondern *der Minister eines Territoriums*", eines Territoriums, in dem die zivile Macht die Schlacht konzentrieren will und wo sie ihr militärisches Proletariat in einen absoluten Krieg "ohne Begrenzung in der Gewaltanwendung" einschließen will, denn wer sich nicht ausbreitet, kann nicht auf das Hinterland Einfluß nehmen. Das ist der Verschleißkrieg. Auf der Ebene der Generalstäbe war ein starker Verschleiß an Truppen und Material (die moderne Form von Dezimierung) noch zu Beginn des Krieges ein Pluspunkt in der Karriere eines Generals! Dieser Verschleiß wurde als ein Zeichen der großen Aktivität des militärischen Führers angesehen, als ein Zeichen seiner Persönlichkeit, also im Jargon der Kriegsschulen als ein Zeichen der Orthodoxie

seiner Kunst - "eine Abwesenheit von Gutmütigkeit" und eine "äußerste Anstrengung der Kräfte", was nach Clausewitz erlaubt, vor keinem Blutvergießen zurückzuschrecken. Aber auch hierin wurde der preußische General schnell überholt, er, der wie viele seiner Zeitgenossen dachte, daß die soziale Situation von zivilisierten Staaten deren Kriege im großen und ganzen viel weniger grausam und zerstörerisch machen würde als bei anderen Nationen: nur wenige Monate nach dem Beginn der Kampfhandlungen zeigt uns Ferry, wie schwierig es ist (es war übrigens eine der neuesten Aufgaben für diejenigen, die mit logistischen Aufgaben beauftragt waren, eine *rationale Bewertung der Obsoleszenz von Armeen* zu finden), die Verluste zu kalkulieren, die durch den neuen industriellen Krieg zu schnell erzeugt werden, als daß rechtzeitig das schlichte Verschwinden der beiden Parteien kompensiert werden könnte, was man vorher noch nie gesehen hatte. Der erste gewollte Verschleißkrieg war der erste Krieg von zugleich Vernichtung und Konsumtion, eine unmittelbare Vernichtung von Menschen,Materialien, Städten und Landschaften und eine grenzenlose Konsumtion von Munition, Ausrüstung und Arbeitskraft. Nach und nach machten die eleganten Aufmärschpläne oder Angriffsordnungen neuen Überlegungen Platz: dem Granatenverbrauch pro laufendem Meter Schützengraben, dem Produktionsprogramm, Auflistung und Bewertung von Nachschublagern; im Verlaufe einer Offensive im Jahre 1917 verbrauchte man auf französischer Seite 6.947.000 Granaten von der 75-igern,also 28% des vorhandenen Lagerbestandes...außerdem spricht man vom "Tagesverbrauch der Artillerie". Die Theorie des Generalstabes verschwand also aus dem, was man von da an als "praktischen Krieg" bezeichnete, wodurch der

Krieg handhabbar wird, das heißt, *es wird leichter Krieg zu führen*, und es wird verhindert, daß er in seinen eigenen Unmöglichkeiten versackt. Das Kriegsministerium und das Rüstungsministerium mit dem berühmten Loucheur an der Spitze, der die Technikraten des totalen Krieges wie Bush oder Speer vorwegnahm, werden voneinander getrennt. Der Verschleißkrieg markiert eine Schwelle: die bürgerliche Gesellschaft glaubte, die absolute Gewalt in das Getto der Armeezone eingeschlossen zu haben, aber - abgetrennt vom Raum - hat sich der Krieg ausgeweitet, und als in der menschlichen Zeit entfalteter Krieg ist der Verschleißkrieg auch ein Krieg um Zeit. Wie die Truppen des Jahres II hatten die mobilen Massen von 1914 "ultreia!" geschrieen, aber letztlich reduzierte sich die Schlacht auf eine Serie von Einzelaktionen, auf einen Krieg der Unteroffiziere, und eine Folge von kurzen Ausfällen in Richtung Tod, die Tag für Tag und Monat für Monat aufeinanderfolgten, und zwar an der gleichen Stelle, oder "im Stillstand" für jene unbeweglichen Leute, die ihr Ende auf der Stelle erwarteten, am Boden festgenagelt durch die Gewalt des Bombardements. Die proletarische Behausung in der "Zone der Armee" ersetzt die Kloake der "urbanen Zone", das Niemandsland ist zur Vorstadt geworden, ein neutralisierender Raum, in dem sich die Verheißung von Bewegung nicht mehr erfüllt, und der Verlust von Bewegung bedeutet für die nationale Befestigung kurzfristig den *Verlust von Gesundheit*, dann den Tod. Die Revolten und Meutereien der Soldaten, die den Sturmangriff verweigern, ersetzen die Ausschreitungen der städtischen Meute und das Verharren der Massen in der Stadt, bevor sie im Zusammenbruch "ganz einfach zu einem Bürgerkrieg" werden, den Engels Lasalle vorhergesagt hatte, zu einer Umleitung des "Energiestromes des Prole-

tariats" (Trotzki) in Richtung auf das Innere. 1917 verlor der nationale Krieg in Frankreich bei den Massen sein altes revolutionäres Prestige ganz einfach deshalb, weil er nicht mehr soweit kam,"vorwärts zu gehen", er erreichte nicht mehr die höchste Angriffsgeschwindigkeit und konnte den Wettlauf gegen den Tod und die Maschine nicht mehr gewinnen.
Die Reise der Masse ging nur noch von der Strasse bis zur Eisenbahn, von der Straße,auf der man singend und gemessenen Schrittes inmitten der städtischen Bevölkerung defilierte, die zur Abreise der furchtbaren bewaffneten Meute applaudierte; dann schwang sich das militärische Vieh eilig auf das Stroh der Tiertransportwagons, aber alles endete dann sehr schnell so, wie ein Capitaine de Poix notierte: "...oft habe ich unsere Infanterie mit sehr großer Begeisterung in den Angriff fahren sehen, und dann plötzlich wurde sie durch ein unerwartetes Maschinengewehr niedergemäht, so daß das Schlachtfeld in wenigen Minuten mit Leichen bedeckt war."

Dieser tapfere Capitaine hatte dann eine geniale Idee, um die *Stellung* der Truppen auf dem Schlachtfeld zu sichern. Er entwarf "gepanzerte Fahrzeuge für jedes Gelände", und seit dem 25. November 1915 forderte er die Herstellung dieses neuen Fahrzeugtyps in großer Zahl. Am 31. Januar 1916 ließ man 400 Sturmwagen bauen, und sobald sie auf dem Schlachtfeld erschienen,war ihr psychologischer Effekt enorm, und die Generäle verlangten diese "kleinen fahrbaren Festungen" sehr bald zu Tausenden von der Rüstung, diesen neuen technischen Gegenstand, der so perfekt ein strategisches Denken vollendete,das von der fixen Idee des großen Friedrich "Siegen, heißt avancieren!" besessen war. Kurz bevor er

beim Angriff auf Vauxaillon niedergemäht wurde, konnte Ferry notieren: "Die französische Moral hat eine Stufe ungeahnter Begeisterung erreicht, im letzten Monat fanden die Fronturlauber bei Parnay ihren Urlaub zu lang, *sie kehrten zur Front zurück, so wie man in sein Glück geht*...man sieht sich bereits an der Maas, am Rhein! *Ich löse die Zügel aller meiner Träume*..."
Die Geschwindigkeit ist die Hoffnung des Abendlandes, sie erhält die Moral der Armeen, und der Transport macht aus dem Krieg eine bequeme Angelegenheit, der Allwegpanzerwagen beseitigt alle Hindernisse. Mit ihm existiert die Erde nicht mehr; man sollte ihn lieber *Ohne-Weg*-als All-Weg-Panzer nennen, er klettert über Abhänge, er durchbricht das Unterholz, er watet durch den Schlamm, reißt im Vorbeifahren Sträucher und Mauerstücke heraus, er rammt Türen ein und bricht aus dem alten linearen Verlauf von Strassen und Eisenbahn aus; er eröffnet der Geschwindigkeit und der Gewalt eine ganz neue Geometrie. Der Panzerwagen ist schon lange kein einfaches Auto-mobil mehr,sondern auch Projektil und Minenwerfer, und demnächst wird er zum Radio-Sender werden,er projiziert und projiziert sich,durch ihn tötet der Tod neuerlich den Tod,da er siegreich dem furchtbaren deutschen Maschinengewehr gegenübersteht. Capitaine de Poix hatte die prophetische Vision von einem Schlachtfeld, das buchstäblich von einer Masse dieser automibilen Festungen bedeckt ist. Nachdem das militärische Proletariat die Straße verlassen hat, verliert es jetzt den Kontakt mit der Fernstraße, von jetzt an kann alles zur möglichen Bahn seines Sturmlaufes werden, wie das maritime Glacis ist das Schlachtfeld hindernislos geworden, es wird vollständig von den schnellen Waffenmaschinen, den "Schlachtschiffen des Landes", beherrscht.

Aus Mangel an Raum hat sich der Verschleißkrieg in der Zeit ausgebreitet; das Überleben wurde zur Dauer. Der Angriff auf allen Wegen oder besser ohne jeden Weg entfaltet den Krieg auf einem Boden, der verschwunden ist und der durch die Unendlichkeit möglicher Angriffsbahnen in den Schatten gestellt wurde; man sieht sich plötzlich vor einem neuen "Recht auf den Boden". Totalitär wie das Seerecht impliziert es für die Massen eine andere Phänomenologie des Werdens. Der Ansturm von Angriffsautomobilen ist eine Fortsetzung der wilden Taxiwettfahrt, welche 1914 das pariser Pflaster verlassen hatte,um zur Marne zu eilen, "zur letzten romantischen Schlacht, in der die archaische Phase des Krieges endete" (Jean de Pierrefeu). Die Schnelligkeit des Militärtransportes ist nicht allein "eine Metapher für das schwindelerregende Dahinströmen von Lebenszeit", der Geschwindigkeitsmesser der Angriffsmaschine ist für deren Insassen buchstäblich ein "existenzieller Quantifikator", ein Gradmesser für ihr Über-Leben (sur-vif)!
Es ist interessant, das Verhalten des englischen Generalstabes in diesem zentralen Moment des dromologischen Fortschritts zu betrachten: seit den ersten Angriffen auf dem Kontinent sucht das Volk des Meeres ein weiteres Mal die Weite des Meeres, ohne die Sorge,sich in einer unzerbrechlichen, kontinentalen Schlacht einzuschliessen. Wie gesagt, "dem Krieg Brust an Brust zogen sie den Krieg der Maschinen ", besser gesagt den Krieg der Apparate,vor. Sie hatten 500.000 Menschen auf dem Meer und 3.000.000 in den Arsenalen und Fabriken.Wenn sie auch offensichtlich in schlechter Absicht an dem Durcheinander der Kommandos teilhatten, so waren sie natürlich ganz im Gegenteil die ersten, die auf ein Landschlachtfeld im Norden der Somme

"Schlachtschiffe des Landes" werfen wollten, jene Angriffswaffen ohne Boden, für die sie weiterhin eine Vorliebe hatten, wie man noch 1942 in der Wüste gesehen hat...

(1) F. Thiede und E. Schmahl, Die fliegende Nation, Berlin 1933

(2) "Seit dem Ende des 17. Jahrhunderts markiert die *fleet in being* (eine Formel,die von Admiral Herbert erfunden wurde) den Übergang vom Dasein zum möglichen Dasein in der Ausübung einer Bedrohung des Gegners, das ist das Ende des Marinepomps und des in nahe Berührung bringenden Krieges, die Anzahl und die Feuerkraft von Linienschiffen wird sekundär." (Paul Virilio, "Essai sur l'insécuritê du territoire",Ed.Stock,1976

(3) Moriz von Sachsen

(4) MEW Bd. 4, Manifest der kommunistischen Partei ,

(5) Verwaltungskorrespondenz unter Ludwig XIV.

(6) "Der Materialismus ist der eingeborene Sohn Großbritanniens." MEW,Bd.2,S.136

(7) Siehe F.T. Marinetti,"Manifest des Futurismus", in: P.Pörtner,Literatur-Revolution 1910-1925,Bd. 2, Neuwied 1961

(8) Frieden des Krieges, Frieden der Entkräftung (Briand) "...niemand kann heute noch einmal wünschen, das internationale Regierungssystem von 1939 wieder erstehen zu sehen, denn bereits zu diesem Zeitpunkt gab es nur noch die Ruinen eines Systems.",Arbeiten der S.D.N. (Société des Nations) über den Übergang von der Kriegsökonomie zur Friedensökonomie im Mai 1943.

(9) Die Abschaffung des Geständnisses und all die Informationen der territorialen Brigaden der Gendarmerie, die in den Zentralcomputer der Polizei in Rosny-sous-Bois kommen: Rasterfahndung.

(10) Eine technische Replik des Pioniers gegenüber den totalitären Reichen des Marineingenieurs und des liberalen Kapitalismus.

(11) Abel Ferry,"La guerre vue d'en bas et d'en haut" (Lettres,notes,discours et rapports), Grasset,Paris,1920. Als Abgeordneter der Vogesen, starb er für Frankreich am 15.Sept. 1918 und hinterließ seiner Frau die Aufgabe, dieses Werk zu veröffentlichen, und zwar "schon vor der totalen Demobilisierung der französischen Armee und ohne etwaige Vorbehalte zu berücksichtigen", "eine doppelte Lektion über das Schlachtfeld und über den Ministerrat, welche seit den ersten Kriegsmonaten die Notwendigkeit parlamentarischer Kontrolle lehrt". Viele hier kommentierte Passagen sind Auszüge aus diesem bedeutenden Werk.

III. DIE DROMOKRATISCHE GESELLSCHAFT

1. Unfähige Körper

"Das Risiko,aber mit Komfort!"
Reichsmarschall Göring

Hermann Göring wurde während des Krieges von 1914 zum Flieger, weil er Rheuma hatte und die langen Gewaltmärsche für ihn als Infanteristen zu beschwerlich waren.
Im Verlaufe verschiedener Konflikte, besonders seit dem 17. Jahrhundert wurde man sich des Anwachsens von Problemen von Kriegsinvalidität bewußt. Eine florierende Industrie hatte sich entwickelt: die Orthopädie. Man hatte entdeckt,daß die der Mechanik der überlebenden Körper durch Kriegsmaschinen zugefügten Schäden durch andere Maschinen ausgeglichen werden konnten,durch Prothesen. Wenn man in Frankreich die Behinderten von ihren militärischen Pflichten befreite,so nicht in Deutschland: die deutsche Armee kannte 1914 keine oder nur wenige Untaugliche, denn sie hatte sich entschieden, *die physischen Mängel zu funktionalisieren*, indem sie jeden entsprechend seiner Handlungsschwäche gebrauchte: die Taubstummen wurden bei der schweren Artillerie beschäftigt, die Buckligen im Auto etc. Paradoxerweise führte die durch die militärische Macht über die Massen ausgeübte Diktatur der Bewegung zur Hervorhebung unfähiger Körper; die Anwendung technischer Vehikel war bereits derartig mit dem Gebrauch chirurgischer Prothesen assimiliert, daß der französische Generalstab eine ganze Weile brauchte, bis er die Angriffswagen einem Personal anvertraute, das nur "zu einem Viertel nicht aus Kranken und Fiebernden bestehen sollte, wobei der Rest sich aus genesenden jungen

Leuten zusammensetzen sollte, die noch nie im Feuer gestanden haben..." (Renaudel Rapport).

1921 spielt Marinetti mit der Metapher des Panzerwagens: der Übermensch ist ein überzüchteter Mensch, ein *inhumaner Typ*, der auf ein Führungs- und somit Entscheidungsprinzip reduziert ist, ein animalischer Körper, der in der Übermächtigkeit eines metallischen Körpers verschwunden ist, welcher fähig ist, durch seine dynamischen Leistungen Zeit und Raum zu vernichten. Vergeblich hat man versucht, das Werk Marinettis nach tausend politischen oder künstlichen Kriterien zu klassifizieren, denn der Futurismus läßt sich nur durch eine einzige Kunst erschließen, die des Krieges und seines Wesens: die Geschwindigkeit. Der Futurismus gibt die durchdringendste Anschauung über den dromologischen Evolutionismus seiner Zeit, über das Ausmaß des Über-Lebens (sur-vif) der 20-iger Jahre!
In Wirklichkeit ist der Körper, der sich in einen "stählernen Alkoven" einschmiegt, nicht der Körper eines kriegerischen Dandys, der im Kriege auf der Suche nach besonderen Erlebnissen ist, sondern der zweifach unfähig gewordene Körper des Soldaten-Proletariers; schon immer seines Willens beraubt, hat er von nun an das Bedürfnis, durch eine vehikuläre Prothese körperlich unterstützt zu werden, um in der Lage zu sein, seine historische Aufgabe zu erfüllen, nämlich den Sturmangriff. Die kinetische Übermacht des Dromomanen wird plötzlich entwertet; bereits der Verschleißkrieg hat die Verachtung für die zur Untätigkeit reduzierten Massen gezeigt und ebenso die Art der Behandlung, die man ihr zudachte - der praktische Krieg enthüllt ihre Ohnmacht als dominierende dromokratische Kraft, ihre Machtlosigkeit als Motor und Produzent von Geschwindigkeit auf dem

Kontinent. Nachdem der weltweite Konflikt den Zusammenbruch der Generalstabstheorien und den Triumph des industriellen Krieges besiegelt hatte, bemerkte man nun auf beiden Seiten eine unersättliche Nachfrage nach Arbeitskraft, mehr als je zuvor erwiesen sich die Wege militärischer Proletarisierung für die Generäle, die selber und gegen ihren eigenen Willen mit dem "Ausbau der Infrastruktur" der Territorien betraut worden waren, als untrennbar von denen industrieller Proletarisierung.
Ferry bemerkt: "*Jedermann weiß heute, daß es den Aufbau eines Schlachtfeldes gibt*... Jedwede technische Ausrüstung des Geländes ist notwendig, und wenn man dazu 200.000 Menschen braucht, muß die Regierung mit ihren Verbündeten verhandeln..." "Es gibt Länder wie Italien oder Portugal, die wunderbare Menschenreserven haben... Und im Kriegsfall bemerkt man nicht einmal ihr Fehlen", schrieb ein Diplomat im Oktober 1916.
Die Regierungen handeln und tauschen in aller Eile ihr Arbeitsvieh, indem sie "deren Wiederstandfähigkeit gegen niedrige Temperaturen, deren Bescheidenheit und Ausdauer bei der Arbeit" rühmen; man schöpft reichlich aus den eigenen Kolonien, Kreolen und schwarze Urbevölkerung aus dem Senegal, Arbeiter aus Marokko, aber auch zu Zehntausenden unermüdliche Erdarbeiter aus Indochina und andere Eingeborene wie die Madagassen, die mit Vorliebe im Kampf verwendet wurden...
Wie der totale und permanente Seekrieg zu Beginn der ersten Massenmobilisierungen stand, so erforderte die Perspektive des totalen Krieges auf dem Kontinent seit 1914 mit aller Dringlichkeit ein neues gesellschaftliches Konzept, einen bis dahin unbekannten Typus von Proletarisierung.

Der praktische Krieg teilt den Angriff in zwei

Phasen, deren erste in der Schaffung des eigentlichen Gerippes des künftigen Schlachtfeldes besteht. Dieses Gerippe besteht aus neuen Wegen, neuen Bahnhöfen, Straßenverbreiterungen, Eisenbahnen, Telephonen, Schützengräben, Evakuierungslinien, Unterständen etc. Die Landschaft, die Erde wird durch eine kosmopolitische Arbeitermasse endgültig dem Krieg[1] geweiht und dargebracht, durch eine Arbeiterarmee, die alle Sprachen spricht, ein Babel der Logistik... Das Arsenal, wie auch das Personal des Krieges bekommt bereits eine Art von friedlichem oder politischem Aussehen, es wird wieder zur Verkehrsverwaltung... Es bilden sich bereits die ersten Vorzeichen der Abschreckung und einer Reduktion der Macht auf die schlichte Wahl der besseren Angriffsbahn, das Leben wird zum Überleben. Der status quo besteht in der Verschleißung der Erde. 1924 schreibt der Militär-Mönch Teilhard de Chardin in "Mon univers": "Wir brauchen immer stärkere Kanonen und immer größere Panzer, um *unsere Aggression gegen die Welt zu materialisieren*."

Der dromokratische Geist richtet sich nicht gegen einen mehr oder weniger klar umrissenen militärischen Gegner, sondern er wirkt wie ein permanenter Angriff auf die Welt und durch sie hindurch, wie ein Angriff auf die Natur des Menschen: die Vernichtung von Fauna und Flora und die Ausserkraftsetzung der natürlichen Ökonomie sind nur schwache Vorläufer von viel brutaleren Zerstörungen, sie gehören zu einer viel weiter reichenden Ökonomie von Blockierung und Belagerung, das heißt von Strategien der Entkräftung. Der ökonomische Krieg, der gegenwärtig die Erde verwüstet, ist nur die *langsame Phase* eines erklärten Krieges, eines kurzen und schnellen künftigen Angriffes, denn er setzt in der Nicht-Schlacht die militärische Gewalt als Klassenmacht fort. Zu allen Zeiten war die Kaste der Jäger/Räuber ebenso unproduktiv wie für die Ernährung ihrer Gruppe vorsorgend; immer im Gleichschritt mit der Waffentechnik hat sie Methoden der Entkräftung entwickelt, die man heute *food power* nennt. Als die schwimmende Nation Venedig (dieses Land, in dem man niemals "den Fuß auf den Boden" setzte) aufgrund der Entdeckung Amerikas und der neuen Atlantikpolitik Europas aufhörte, die erste ökonomische und seebeherrschende Macht zu sein, wandte sie sich mit Weitblick sofort dem Landesinneren zu, der landwirtschaftlichen Macht und dem Grundeigentum, denn Venedig wußte, daß der Verlust der *see power* die unmittelbare Bedrohung einschloß, der *food power* zu unterliegen; immerzu das Gesetz der zwei Menschheiten. Genauso führen die USA nach dem ersten Zusammenbruch ihrer expansiven Wirtschaftspolitik in den 30-iger Jahren (die "Friedenserklärung an die Welt") heute gegen die EWG einen gnadenlosen Krieg (Kampagne gegen die Bauern, Übernahme von Lebensmittelindustrien, Rapskrieg etc.). Genau die "Nutzlosigkeit des Reichtums" fundiert den Sieg, die amerikanische Dollarpolitik ist nur eines der Zeichen des *intensiven Anwachsens* der amerikanischen Militärgewalt, die gegenwärtig durch die Vietnam-Niederlage und den nuklearen Status-quo an *extensivem Wachstum* gehindert wird; aber selbst dabei muß man anerkennen, mit welcher Schnelligkeit die USA ihre Flächenbombardements über Nord-Vietnam (systematische Zerstörung von Pflanzen, Tieren, ländlicher Umgebung, ..) in dem Moment, als sie sich aus dem Terrain zurückzogen, durch eine beeindruckende Preisgabe technologischen Materials zu ersetzen wußten, wodurch sie aus ihrem Gegner ihren besten Kunden machten, wie es die letzten Erklärungen von Giap vermut lassen [2]. Uralte dromologische Methoden: als Colbert im 17. Jahrhundert seine Ökonomiepolitik auf den Gedanken der Errichtung von "nationalem Reichtum", "eines Nationalproduktes", ausrichtete, berechnete er die Wirkung des von Louvois geführten Krieges, indem "er dafür sorgte, Bedürfnisse zu schaffen" und, nach Sir William Temple, bei seinen Nachbarn "den verschwenderischen Konsum seiner so zahlreichen Produkte" anzukurbeln.

Louvois ließ sich für seine Kriegsbaustellen direkt durch die römische Proletarisierung anregen und Colbert reproduzierte seinerseits das ökonomische System Athens, das letztenendes die lakedämonische Macht zu Fall gebracht hat: wie Lyautey 1901 schrieb, "die Taktik ökonomischer Unterwanderung ist mehr wert als diejenige, die man auf der Kriegsschule lehrt..." Auch die dromokratische Expansion Griechenlands ging soweit, bis sie in jeder Hinsicht durch den militärischen Statusquo blockiert wurde: die einheimischen Barbaren im Westen hatten gelernt, sich militärisch zu organisieren; was die anderen kolonialen Satteliten betraf, so kollaborierten sie mit der griechischen Politik. Aus diesem Grunde stoppte Athen sein System extensiver (schneller) Penetration, um ein System intensiver (langsamer) Penetration anzuwenden, die militärischen Engagements nach Aussen wurden durch eine Außerkraftsetzung natürlicher Ökonomien im Innern ersetzt (Agrarreform, Verstädterung, Schaffung von Handwerksstätten und Fabriken etc.). Die ums ganze Mittelmeer verbreiteten *Eulen von Athen* nisteten sich in der Ökonomie der großen Städte ein und erzeugten eine derartige Inflation des Tausches, daß es insbesondere für das Gleichgewicht Spartas verhängnisvoll wurde, welches seinerseits den entgegengesetzten Weg eingeschlagen hatte, nämlich eine Konservierung des Staatsapparates durch die Abschaffung von (monetärer/militärischer) Bewegung[3]. Aristoteles hat den Grabspruch für das System des Lykurg geschrieben: "Eine wesentliche Aufgabe jedes Gesellschaftssystems muß es sein, die Militärinstitution *ebenso wie alle anderen* zu organisieren." In Sparta geschah das Gegenteil. In der ersten hellenischen Demokratie findet sich bereits ein Großteil der Probleme des Abendlandes, außer dem wichtigsten: Mobilität. Wenn auch alles geopfert wurde, um aus dem Staat eine einzige Kriegsmaschine zu machen, so erschien den Lakedämoniern die Möglichkeit, daß er durch einen realen Konflikt in Bewegung gesetzt werden könnte, genau so schrecklich, als ob die Zufälle und Ungewißheiten der Schlacht deren höchst präzise militärische Mechanik zerstörten.[4]

Man hat von den Spartanern gesagt, sie wären ein Volk ohne Geschichte; sie waren wirklich ein Volk, das aufgrund seiner Feindschaft gegenüber jeder Form konstitutioneller Veränderung Geschichte als kinetischen Bezugspunkt seiner Existenz ablehnte. Zunächst indem sie sich nicht dem Meer und schwimmenden Reichen zuwandten (und sich somit von der Gesamtheit der hellenischen Stadtstaaten abtrennten), um sich im Innern von Griechenland selbst festzusetzen und die Messenier zu kolonialisieren, die wie sie selber Griechen waren, und später, indem sie fast zwei Jahrhunderte nach dem Versuch Lykurgs die Konsequenzen ihrer Militärmacht umgingen und die ihrer Siege mieden. Und gerade ihr Sieg über Athen unterminierte die Perfektheit des spartanischen Militärstaates: "Eingesetzt hatte der Verfall und die innere Erkrankung des Staates der Lakedämonier etwa schon, seit sie die Führerstellung der Athener beseitigt und Gold und Silber in reicher Fülle in ihr Land gelassen hatten."[5]

Was die Waffen nicht erreichen konnten, wurde durch den ökonomischen Krieg bewirkt und das Dilemma des Status-quo, des militärischen Nicht-Engagements, war ein für alle Mal entschieden, nicht nur für die Mittelmeerwelt, sondern auch für die aufkommende abendländische Welt.

Nach dem Zusammenbruch der immobilen Maschine des Lykurg blieben um die Mitte des 3. Jahrhunderts nur etwa einhundert Spartaner übrig, die Lose des staatlichen Bodens, also Land und Erbe, besaßen, der Rest der Bevölkerung war, wie Plutarch sagt, zu einer elenden Masse ohne legalen Status geworden, zu einer sozialen Masse, welcher der Militärstaat nur für einen Krieg zu leben gelehrt hatte, der niemals kommen sollte, und die von da an nicht mehr wußte, was sie mit ihrer Existenz anfangen sollte. Während der Staat selber nur noch in seinen Vergangenheitsträumen und dem Überleben einiger sadistischer Bräuche lebte, versank die spartanische Welt völlig in Anomie.
Unaufhörlich wiederholt das Abendland die Lektion Plutarchs, "indem es einem Gesetz gehorcht, das es selbst nicht einmal kennt, das es aber im Traum aufsagen kann": das "*Stillstand ist der Tod*" erscheint ihm wahrhaftig *als allgemeines Weltgesetz*; unaufhörlich erstickt der Dromokrat den Demokraten der ursprünglichen Revolution von Lykurg... von Mao. Es reicht heute, die Reden der neuen chinesischen Führer über "Konsumgüter" zu hören, um zu begreifen, daß der alte Denker die Einrichtung des schrecklichen Systems intensiven Wachstums aus dem Okzident, das gleichermaßen vom orthodoxen Marxismus wie vom Liberalismus gefeiert wird, nur verzögern konnte. Ebenso wie Hitler den Blitzkrieg nur mit dem ökonomischen System des Doktor Schacht beginnen

konnte, und Roosevelt den totalen Krieg nur mit Hilfe des New Deal.
Stillstand ist der Tod, das ist das allgemeine Weltgesetz; die Macht und die Gesetze des Festungs-Staates liegen an den Orten großer Zirkulation. George Huppert kritisiert in seinem jüngsten Buch[6] die gängige Vorstellung, nach der *der allgemeine und positive Inhalt* der Geschichte im 18. Jahrhundert zur Erscheinung gekommen sei und erst seit dem 19. Jahrhundert Stoff für wichtige Werke geliefert habe; er führt das Beispiel einer Gruppe von Gelehrten an - zum größten Teil Rechtsgelehrte -,die Mitte des 16. Jahrhunderts - wie einer von ihnen,La Popelinière,formulierte - die "Idee einer vollendeten Geschichte" entworfen hat. Das war genau zu der Zeit,als die neuen europäischen Staaten sich anschickten,untereinander den Begriff des legitimen, sogar legalistischen Krieges (nach römischer Art,Titus Livius I,32,5-15) wieder einzuführen. Der historische Idealzustand des Staates entwickelte sich in dem Moment, als der Krieg selber in idealer Gestalt wiedergeboren wurde und sich dank des Zentralismus technisch von einer einfachen Strafexpedition unterschied, als er sich also von lokalen Machtdemonstrationen losriß, um sich einem ursprünglichen gewaltsameren Konzept zu nähern. Die Geschichte schreitet tatsächlich mit der Geschwindigkeit der Waffensysteme voran. Bei Comines am Ende des 15, Jahrhunderts ist sie noch eine stabile Erinnerung, ein zu wiederholendes Modell; die Annalen sind von den Jahreszeiten abhängig wie der Krieg, der jedes Jahr in der guten Jahreszeit wiederkehrt, die lineare Zeit ist aufgehoben,als ob es sich noch um eine antike Festung handeln würde, bei der der "Zeit-Feind" durch die statische Resistenz des Konstruktionsmaterials, durch Dauer, besiegt wird. Die Er-

findung der Geschichte beginnt selber auch zu funktionieren wie die alten Kriegsmaschinen,die sogar noch nach der Erfindung von Wurfmaschinen und Katapulten (um 405 bei der Belagerung von Motza) ihre zerstörerischen Bewegungen an Ort und Stelle ausführten. Hegel ist der Lektüre des Titus Livius müde und es langweilt ihn, über hundert Mal die Ergebnisse der Schlachten gegen die Volsker wiederholt zu sehen: "Wenn Titus Livius von den Kriegen mit den Volskern erzählt, so sagt er bisweilen kurz genug: Dieses Jahr ist mit den Volskern Krieg geführt worden." Hegel beklagt sich über den "abstrakten Charakter" dieser Darstellung deshalb, weil der historische Inhalt buchstäblich der eines Kompilars ist (dieses ist vergleichbar der Bedeutung der minutiösen Monotonie der Berichte der Geheimpolizei für die Soziologie im 19. Jahrhundert, die begann, sich in der Masse zu verbreiten und sich auf den ersten Kalenderblättern kommender Gesellschaften einzutragen). Es geht dabei um Werke, die auf andere Art nützlich sind, als Hegel sich dachte, und wenn Titus Livius unaufhörlich die Litanei seiner Kommentare wiederaufnimmt , so deshalb, weil die Wiederholung das übliche Mittel ist, sich umfassenderen historischen Gebieten zu nähern; als ein im Flusse befindliches Projekt kann der Stoff des Berichtes nur funktionieren,wenn er hundert Mal wiederholt wird, denn indem er sich wiederholt, vermeidet er Zufälle und macht aus der Vernunft in *den* Geschichten eine Kriegsmaschine, die dabei ist, durch Verdopplung ihre Figuren an den Tag zu bringen. Ebenso war es normal, daß in dem Moment, als Artillerie und Militärverwaltung insbesondere durch Sully als Teil des Staatssystems aufkamen, die historische Sprache buchstäblich, das heißt *ohne Intensitätssteigerung*, vom *Komperativ* zum *Positiv* überging!

Das Anwachsen der Geschichte führt zu einem Anwachsen der Bewegung, ein spätes Resultat des Anwachsens der Macht jener "Grenzvagabunden und Flaneure der Apokalypse, die frei von materiellen Sorgen am Rande ihrer vertrauten Abgründe leben" (J. Gracq), jener Völkerschaften, die an den Grenzen des römischen Reiches auftauchen und verschwinden,"wobei sie sich aus dem Krieg ein Vergnügen machen",und denen man, wie Titus Livius hinzufügt, den Krieg nicht einfach aufzwingen konnte. Am Anfang unserer Ära brandeten diese aus Germanien,von den Ufern der Donau oder sonstwo herkommenden dromokratischen Eliten endlich über das abendländische Europa. Plötzlich ist es nicht mehr die Macht, die das Recht setzt, sondern die Invasion, die Macht des Eindringens. Auf die Hierarchie des Überfalls,die auf dem Marsch des unbändigen Ausbruchs der Räuber/Jäger-Meute geboren wurde,folgt das Protokoll des Haltmachens und des Aufteilens. Als diese dromokratische Macht sich endlich vorwiegend auf europäischem Territorium verankerte, so veränderte sich deswegen nicht ihr konstitutionelles Modell,und unter ihrer zersplitterten Oberfläche blieb die feudale Gesellschaft organisiert wie eine Truppe auf dem Marsch. "Die Beziehung zwischen den verschiedenen Adelsherren waren genau definiert, und trotz der Händel und Reibereien wußte während eines wichtigen Krieges oder Kreuzzuges,zu dem diese ständig bewaffnete Welt sich wieder vereinigte, jeder Ritter genau, welchen Rang er einzunehmen hatte." Die hierarchische Aufteilung ist bereits eine Ordnung der Fernstraße, und der infrastrukturelle Ausbau von Territorien ist ein Schauplatz der Truppenbewegung. Die Architektur der Kommandozentralen spielt die gleiche Rolle wie die Larissen des Meeres oder die algerischen Bordjs; die

feudale Rolle ist halb-kolonial, da sie die *Beherrschung der Erde* durch einen militärischen Besatzer genau vom *Grundeigentum* des Einheimischen unterscheidet. Für den dromokratischen Staat *beinhaltet die Beherrschung der Erde bereits eine Beherrschung ihrer Dimensionen.*
Das antike Katasterrecht hielt nichts anderes fest, wie Colonel Barrader in "Fossatum Africae" schrieb: "Die Landvermessung ist sogar die Grundlage der Massenerziehung und ihrer Zivilisation."..."die unauslöschliche Markierung einer Besitznahme, die *teilt, um zu herrschen*..." Darin liegt genau die unauslöschliche Dichotomie zwischen dem Wesen der Bewegung/Macht des Eindringlings und der relativen Machtlosigkeit des Grundeigentümers sich zu rühren und sich wegzubewegen oder der Ohnmacht des an seine Parzelle gefesselten seßhaften Produktions-Arbeiters, die Dichotomie zwischen der Geographie des Einwohners und der Geometrie des Passanten. Der Verlauf der römischen Straße ist zumeist nur eine unaufhörliche Linie, die dem allgemeinen Schema der Landvermessung dienlich ist; somit ist alles ganz einfach: der militärische Staat ist auf der Fernstraße, der Betrag der Grundsteuer wird, so könnte man sagen, nach den zu durcheilenden und somit zu verteidigenden Metern durch die Armee oder eine Gruppe von Rittern, "jener Bevölkerung des Luxus", festgelegt. Diese halb-koloniale Wirksamkeit ist immer eine Erpressung zur Schutzherrschaft gewesen, mit der die Sicherheit der produktiven Masse durch Tribut gesichert wurde, durch die Bezahlung für eine wirksame technische Überwachung des Territoriums. So war die karolingische Administration eine "reitende Administration" zum Wohle eines dromokratischen Staates, dem es wenig Sorgen machte, seine innere Verfassung durch die Gewährung von

erblichen Grundrechten umzuwälzen oder auch die königlichen Domänen zu vergrößern, außer an seinen großen Vektoren (wie zum Beispiel die Mosel), wo "natürlicherweise" seine Morphologie lag, da er sich darum bemühte, alle Medien in die Hand zu bekommen: die religiöse Ideologie, das Geldwesen, das Wissen, den Außenhandel, die Transport- und Informationsmittel usw.
Die karolingischen Kapitulare rieten den in (durch den Gebrauch nach und nach zu Kommandozentralen gewordenen) alten römischen Villen eingerichteten "Grundherren", das Roden zu begrenzen und sich das Bündnis der kleinen und mittleren Eigentümer zu sichern, ihnen also über den Platz ein gewisses militärisches Verteidigungsrecht zu gewähren. Die Beherrschung einer territorialen Einheit durch den Besatzer des Wachturmes (in franz.: "donjon", vom lateinischen *dominus*, Herr) wurde noch durch die Einfachheit der materiellen Mittel einer verstreuten und fremden militärischen Minderheit gemildert, die eben dadurch auf eine begrenzte Kontrolle des Raumes und der Gesellschaften verwiesen war, also auf das Bitten um den Tribut des einheimischen Gesellschaftskörpers. Auch aus Gründen der Sicherheit haben die fränkischen Adligen gegenüber der undurchdringlichen Komplexität der ursprünglichen Stadt die Transparenz eines von mehr oder weniger unabhängigen Arbeitern bevölkerten und beinahe überbevölkerten Landes vorgezogen, wobei die letzteren zunächst mit gewaltigen Rodungsarbeiten beschäftigt wurden und später mit der Instandsetzung der Umgebung. Aber darüber hinaus bedeutet die *Transparenz der Rodung* eine Aufrechterhaltung des spezifischen Rechtes des Eindringlings in ein Gebiet, in dem er sich festsetzen wollte; darin bestand seine Penetrationsmacht. Die Errichtung eines Wehrhügels

und später eines Wehrturmes entsprach außerdem einer Beherrschung der Dimensionen, welche zur Perspektive und zu einer Geometrie eines Blikkes wurde,der von einem allgegenwärtigen festen Punkt ausgeht;und nicht mehr wie vorher vom synoptischen Marsch der Ritter ausging.In diesem bedeutenden Moment kann man sehen,wie die Kultivierung des Bodens auf eine intensive Ausbeutung gerodeter Parzellen beschränkt ist und nicht eine Expansion durch einen abenteuerlichen Pioniermarsch in ganz nahe Einöden ist[8]. Man hat dieses *Phänomen der Zurückhaltung* mit der Mangelhaftigkeit der Ackerbaumethoden erklärt, aber anscheinend muß man neben offensichtlichen materiellen Notwendigkeiten - Jagd, Obsternte,Gewinnung von Bauholz in einem nahegelegenen Wald etc. - unausweichliche strategische Notwendigkeiten zur Kenntnis nehmen, die eher durch *technische Mängel des militärischen Schutzherren* hervorgerufen werden als durch jene des Gärtners oder Holzfällers, denen der Herr im Notfall Beistand und Schutz gewährte. Jüngste Forschungen haben bewiesen, daß es Beziehungen gab zwischen den Grenzen der Rodung und denen des menschlichen Gesichtsfeldes von einem erhöhten Wohnplatz aus. Bei den Angel-Sachsen wird der Pionier viel deutlicher als *pathfinder* bezeichnet. Die Rodung, die Gemüsebepflanzung von Parzellen und das Zurückdrängen der Dunkelheit des Waldes bedeuteten in Wirklichkeit die Schaffung eines militärischen Glacis als Blickfeld, jene Art von Grenzwüsten, von denen Julius Caesar spricht und die ihm zufolge den Ruhm des Imperiums ausmachen, da sie aus der Sicht des Dromokraten wie ein permanenter Überfall auf die Erde wirken; und darüberhinaus bewirkt die Schnelligkeit dieser in idealer Weise von jedem Hindernis befreiten Sichtweise das völlige Naherücken des Fernen...Ein bekannter Photograph berichtet in seinen Memoiren, daß sein Kinderzimmer seine erste Dunkelkammer war und sein erstes Objektiv der Lichtspalt seiner geschlossenen Vorhänge.In diesem Sinne spielte der ursprüngliche Wehrturm die Rolle der Chronophotographie von Marey,die militärische Wacht bot dem Eindringling eine ständige Anschauung über die gesellschaftlichen Umstände, eine erste Information über die Umwelt.

Das gesellschaftliche Vorrecht basiert auf dem des Blickpunktes, bevor es durch Reichtum oder Geburt erworben wird, es beruht auf einer Position, die man erfolgreich besetzen und dann in einem Raum verwandeln konnte, der die Hauptbahnen der Bewegung beherrschte, die Schlüssel zum Handel, wie Flüsse, Meere,Fernstrassen oder Brücken; daher jene außerordentliche Vielfalt von sozialen Gratifikationen im Mittelalter, eine Vielfältigkeit, die ganz einfach die Vielzahl geographischer Sichtweisen eines "Königreiches" übersetzte, das bis zum 19. Jahrhundert in den Texten immer nur als ein formelles territoriales Ensemble erscheint. Das 877 von Karl dem Kahlen (dem Kapitular von Kiersey) widerwillig zugestandene Erbrecht verwandelte den Besitz einer beherrschenden Örtlichkeit in andauernde gesellschaftliche Herrschaft. Ein berühmtes Beispiel bilden die Grimaldi von Monacco, seit der Vorgeschichte war dieses das Meer beherrschende Vorgebirge ein bevorzugter Ort: in der Antike war es in verschiedenen Händen, bevor es durch List an die Grimaldi fiel. Seit dem 10. Jahrhundert zog diese Familie unaufhörlich Ehren und Privilegien aus dieser anfänglichen Aneignung eines dominierenden Blickpunktes. Wie wir schon einmal ausgeführt haben, kann man nur von einer Klassengesellschaft sprechen,wenn man die Klassen nach ihren Orten bezeichnet.

Wenn die Klassenkämpfe voranschreiten, so entwickeln sie sich offen auf dem Gelände als Eroberung eines beherrschenden Punktes; wenn eine Zitadelle oder eine Festung belagert werden, so ist ist dies nicht nur ein militärisches und ein politisches Ereignis, sondern ein gesellschaftliches... ernste Konflikte brachen zum Beispiel aus, als die Schutzfunktion, als die Grenzen des militärischen Interesses von den Feudalherren überschritten wurden, als die "Grundherren" danach trachteten, Eigentümer zu werden, das heißt in ihren Händen beide Schemata der räumlichen Aneignung des Territoriums zu vereinigen, indem sie die Einheimischen ausplünderten und versuchten, ihre Gefolgschaft auf die Funktion von *servi casati* zu reduzieren, auf eine Art von Lehens-Sklaven der Parzelle, auf eine ihres Rechtes auf militärische Verteidigung beraubten Arbeitskraft.

2. Das Vernünftigmachen von metabolischen Vehikeln

"Nicht raisonniren!"
Friedrich II. zu seinen Soldaten

Die extensive Phase des Angriffes erfordert schnelle Tote, die vorbereitende und intensive Phase bringt langsame Tote. Wie Generalleutnant von Metsch während der dreißiger Jahre in "Wie würde ein neuer Krieg aussehen" schrieb: "Im total gewordenen Krieg ist alles Front! Aber unter der neuen totalen Front muß man *die geistige Front der Nation* verstehen... sowohl in den praktischen Fragen zur Vorbereitung der Wiederaufrüstung wie in theoretischen militärischen Diskussionen steht die Frage der Moral an erster Stelle."

Geboren aus dem Meer, bezweckt der totale Krieg nach Admiral Friedrich Ruge: "Ehre, Identität und selbst die Seele des Gegners zu zerstören". Indem die jüngsten Formen des modernen ökologischen Krieges die Völker durch die Zerstörung ihrer Wohnstätten zu einem langsamen Tod verurteilen, restituieren sie bizarrerweise die "Seele" in ihren ursprünglichen "ethnologischen" Bestimmungen: "mana", die potenzielle undifferenzierte Substanz des Lebensraumes, nicht individuell, sondern mehrzählig, vielgestaltig und fließend, mehr oder weniger hier und da in den (gesellschaftlichen, tierischen, territorialen...) Körpern geronnen.

Indem der dromologische Fortschritt die Idee von zwei Körperarten mit sich bringt, die von ihrer Situation im Raume abhängig sind, erzeugt er auch die Idee von zwei Arten von Seelen, die einen, schwach, unentschlossen und verwundbar, weil sie abhängig von ihrer Wohnstätte sind, und die anderen mächtig, weil sie ihr "mana", ihren Willen dank ihrer Deterritorialisierung, der Verfeinerung ihrer Ökonomie und ihres Blickpunktes ausser Reichweite halten. Clausewitz hat nichts anderes gesagt, als er auf die Frage "Was ist der Krieg?" antwortete: "Der Krieg ist... ein Akt der Gewalt, um den Gegner zur Erfüllung unseres Willens zu zwingen."[9] Man kann im Krieg nicht das Problem der Willen ausschließen und das gilt so sehr, daß Clausewitz seine Definition unmittelbar entstellt und sie zum Bastard macht, indem er sich beeilt zu betonen, daß es außerhalb der Begriffe von Staat und Gesetz keine moralische Gewalt gibt. Mehr als politische und geistige Kriegsziele, mehr als gesellschaftliche oder nationale Rivalitäten suggeriert die Definition von Clausewitz bereits die *Präsenz von willenlosen Körpern auf der Welt*; man träumt hier mehr von einer "Technik tierischer Körper" als von einer Kriegskunst, eine unauslöschliche Dichotomie zwischen der Bewegung/Macht des Eindringlings und der relativen Ohnmacht der Arbeiterherden, ihre Bewegungen in Gang zu bringen. Je nach den Epochen oder Himmelstrichen bildet sich im Laufe der ganzen Geschichte eine Vielzahl von seelenlosen Körpern, lebenden Toten, Zombies, Besessenen etc., eine abgeschwächte Zerstörung des Widersachers, des Gegners, des Gefangenen und des Sklaven; es entsteht die militärische Gewaltökonomie, die das menschliche Vieh mit der alten gestohlenen Herde des Räuber/Jägers assimiliert, und im weiteren Sinne entstehen in den sich militarisierenden und modernisierenden europäischen Gesellschaften seelenlose Körper von Kindern, Frauen, von Menschen aller Hautfarben und von Proletariern. Im totalen Krieg machte die Nazi-Gewalt nichts anderes, als sie eine innere soziale Front gegen die fremden Gesellschaftskörper der Juden, Zigeuner und Sklaven aufbaute. Die Deportationslager waren nur Übungsplätze, an denen die Herde industriell bearbeitet wurde. Zwangsarbeit in den Bergwerken oder auf den logistischen Baustellen, Unterwerfung unter medizinische oder soziale Experimente, letzte Wiederverwertung von Fett, Knochen und Haaren... oder die glücklichere Endlösung, als Tauschwert gegen andere Energiequellen, wie Kraftstoff, Lastwagen und Militärfahrzeuge durch die Vermittlung neutraler Länder; eine komplette klassische Ökonomie, die aus Geiselnahmen, Entführungen und Umsiedlungen, den bevorzugten Formen dromokratischer Gewaltanwendung, besteht.

Die wichtige Lektion der Lager und Goulags wurde nicht zur Kenntnis genommen, nicht nur, weil sie fälschlich als ideologisches Phänomen, sondern weil sie als statisches Phänomen und als das der Einschließung dargestellt wurde. Ihre absolute "Unmenschlichkeit" liegt allein in der sichtbaren Wiedereinführung des ursprünglichen gesellschaftlichen Zuchtviehs, einer riesigen Masse domestizierter Körper, von unbekannten und unerkennbaren Körpern in die Geschichte. Was ist das Proletariat seit der Antike in Wirklichkeit, wenn nicht eine Kategorie von vollständig domestizierten Körpern, eine sich schnell vermehrende und zugleich Maschinen bedienende Klasse, eine phantomartige Präsenz einer flottierenden Bevölkerung, die der Befriedigung logistischer Erfordernisse dient, in der Geschichtsschreibung.
Unter den verschiedenen von den Schreibern im 9. Jahrhundert in Westeuropa beschriebenen Dingen erwähnt man die Existenz jener *forenses*, deren Anzahl niemals weniger als 16% der gezählten Bevölkerung ausmachte; sie waren wandernde Ar-

beiter, die von einem bewohnten Platz zum nächsten zogen, ohne daß die Rodung von Land und dessen Besetzung ihnen nachgesagt werden könnte, außer in Germanien und vielleicht in der Champagne. So entstehen jene sozialen Überschüsse, die jener "vierten Welt" der gegenwärtigen Bannmeilen-Vorstädte so ähnlich sind, direkt durch das Phänomen der strategischen Zurückhaltung, von der vorher die Rede war, als die zuerst feudale und später kommunale soziale Kontrolle.

Das organische Funktionieren der Festung kann tatsächlich nur durch die Überprüfung ihrer Grenzen gesichert werden, der Grenzen der Bevölkerungszahlen und der Flächenausdehnung; das strategische Kalkül verbindet sich mit dem statistischen Kalkül, die Festung mit ihren Ein- und Ausgängen ist ein erstes Modell der strategischen Rechenmaschine.Das Seßhaftwerden der bewaffneten Gesellschaft im Mittelalter implizierte also das Verschwinden einer bis dahin als gemeinsame entworfenen Wohnstätte und somit das *Verschwinden des zivilen Raumes*, das heißt das Gewohnheitsrecht der Leute auf den Raum und seine Nutzung. Man kann seitdem nicht von "Klassengesellschaft" reden, ohne das Modell der Stadtbelagerung der mittelalterlichen Gesellschaft zu Rate zu ziehen, diese Rückwendung zum alten *dike*, zu jener selektiven Vernunft, die das Zivilrecht durch das politische Recht ersetzt, wie in der aristotelischen Reflexion: "Die Aristokraten bemühen sich um eine große Zahl von befestigten Stellungen; die Akropolen sind oligarchischen Regimen angemessen und die ebenen Orte den Demokraten." Als die Politik zu einer Frage des Geländes geworden war,bemerkte man bereits eine wahrhaftige Aufteilung der Zeit und des Raumes der Menschen,womit die Nation des *bürgerlichen Friedens* zuende

war; die gesellschaftlichen Konflikte entstehen aus Rivalitäten zwischen denen, die ein Öko-System wie einen Ort besetzen und erhalten, der sie als Familie oder Gruppe auszeichnet und somit jedes Opfer wert ist, inklusive des erlittenen Todes, denn wenn "Dasein Wohnen bedeutet" (in der germanischen Sprache *buan*), bedeutet das Nicht-Wohnen nicht mehr zu sein, und der unmittelbare Tod ist dem langsamen Tod dessen vorzuziehen, der nicht mehr willkommen ist, des Zurückgewiesenen, das heißt des Menschen, der seines spezifischen Raumes *und somit seiner Identität* beraubt ist.
Insgesamt hat das Mittelalter mit seinen Festungen den ursprünglichen Empfang, d.h. die alte heilige Gastfreundschaft, durch eine permanente soziale Zurückweisung als erste Notwendigkeit für das Funktionieren seiner Kriegsmaschine ersetzt. Für diese sich einschließende Gesellschaft konnte die legale Repression nur im Zwang zur Abreise, zum Exodus bestehen, das heißt im Zwang zur Deterritorialisierung als Identitätsverlust.
Die Ausgegrenzten verschwanden in einer erzwungenen Reisebewegung; diese immer zahlreicher werdenden, die die Stadtbelagerungsordnung zurückwies, wurden zu physischen Kräften in Bewegung im Niemandsland, in noch nie gesehenen Zonen, in nicht meßbaren Zwischenräumen des strategischen Schemas; eine tolerierte Bewegung von gefährlichen Pilgerschaften, Kinderkreuzzügen, armen Leuten und "berufslosen Vagabunden, die alle große Bettler waren", denen der Aufenthalt über 24 Stunden hinaus im Innern der städtischen Befestigungen verboten war; mit Peitschenschlägen wurden sie in andere Städte getrieben und unter Androhung von Geldstrafen war es den Stadtbürgern verboten, sie zu beher-

bergen. Der "Hundertjährige Krieg" beendete diese großen Wanderungen. Die Artillerie begann tatsächlich die Gegebenheiten des Schlachtfeldes zu revolutionieren.
Seit dem 12. Jahrhundert war der Einfluß des Geldes als Medium beträchtlich gewachsen und kündigte außerdem das Ende des mittelalterlichen Status-quo an, jene so hochgelobte Ausgeglichenheit von politischen und militärischen Organisationen. Das traditionelle System des Kriegsheeres kannte Gratifikationen, die Ritter erhielten alsbald einen Sold. Lange Zeit noch wurde das Militärpersonal mit Vorliebe unter den Edelleuten gesucht, die Familienjüngsten dienten zum Beispiel als *particulares* und erhielten sehr hohe Entlohnungen, bis die Notwendigkeiten der Rekrutierung die Herkunft der Söldner beiseite schob. Als Fahrende und später Matamoros, Escarbonlardon und Rinocéronte[10] zogen sie herum, Nachfolger der Anti-Helden des Plautus, "gemeinsame Feinde der gesamten Menschheit", nannte sie Isokrates (436-338), herumirrende Waren auf Märkten und Messen, wie der Rest der Kneipengänger - niemals haben ihre Verhältnisse die von Sklaven überschritten, die in Kriegszeiten für mündig und zum Soldaten erklärt werden konnten, und zwar hauptsächlich für den Seekrieg, welcher eine grosse Anzahl von koordinierten mechanischen Manövern erforderte, während der Kampf auf dem Lande noch als Angelegenheit "freier Männer" angesehen wurde. Der militärische Proletarier findet sich mit dem permanenten Exodus der mobilen Massen vermengt, er ist aus ihr hervorgegangen wie der Wanderarbeiter des 19. Jahrhunderts oder der Schwarzarbeiter des 20. Jahrhunderts. Der Wandersmann geht herum, wie sein Name anzeigt, er ist auf der Fernstraße, dem *Raum seiner Klasse*, er reist auf der Suche nach ungewis-

sen Saisonarbeiten, so wie ihn Callot später malt, ein "capitano de baroni", ein zerlumpter und verspotteter Aufschneider, ein schrecklicher und lächerlicher Vagabund, der in der endlosen Prozession der Kriegsopfer noch Helm und Fahne trägt.

Das Problem zeitweiliger Unterkunft für diese kriegerischen Vagabunden stellt sich genauso wie das des vorübergehenden Aufenthaltes im Krankenhaus oder Lazarett. Das militärische Mönchtum wird dieses Problem ebenso beantworten, wie das reguläre Mönchtum auf das Seßhaftwerden des mystischen Vagabundentums mit der Einrichtung von Klöstern reagiert hatte. Später wird der Staat intervenieren, indem er die öffentliche Barmherzigkeit und die lokalen Steuern, wie den "franc salé", durch Rentensysteme ersetzt, bevor dann die Rentabilisierung der Arbeitskraft des gesellschaftlichen Überschusses zur einleuchtendsten Lösung wurde; die Zwangsarbeit in der Fabrik geht der militärischen Zwangsarbeit nur wenig voraus, zumindest in Frankreich. Ein sehr eigenartiger Zwang, sollte er doch nicht die Vorrechte der unabhängigen Fabrikanten beeinträchtigen. Die Fabrikarbeit sollte nicht der Diktatur der Bewegung entgehen, sie wiederholt die Einschließung in einen erzwungenen und absurden kinetischen Zyklus auf der Stelle, das ist der langsame Tod der Ausgeschlossenen. Ich erinnere mich an einen Aufenthalt vor dreißig Jahren an der Loire in der Nähe eines psychiatrischen Kreiskrankenhauses, wo ich als Kind verwundert beobachtete, wie Kohorten von Geisteskranken Schubkarren in das ausgetrocknete Flußbett schoben und von ihren Aufsehern gezwungen wurden, sie mit Sand zu füllen, sie etwas weiter zu schieben und im Wasser wieder auszukippen, und diese idiotische Bewegungsfolge bei drückender Sonnenhitze unendlich erneut zu beginnen, während sich von Zeit zu Zeit einer dieser Unglücklichen heulend in die Loire stürzte...

Auch mußte zum Beispiel im 17. Jahrhundert das Hospiz der Charité de Tours wie viele andere unter den Drohungen der Fabrikanten der Stadt seine Seidenweberei aufgeben und die Armen zum Abhaspeln und Spinnen der Seidenfäden einsetzen...

Zur gleichen Zeit wurde die Zwangsarbeit der Bauern durch den Staat beträchtlich erweitert, vom Transport der Bettler in Krankenhäuser oder Lager bis zu dem der Kriegsleute und Sträflinge, deren Schicksal von nun an ganz ähnlich war. Somit war diese aus dem Pakt der feudalen Halb-Kolonisierung hervorgegangene Zwangsarbeit bereits eine Proletarisierung, eine Mobilisierung des Landarbeiters für logistische Aufgaben, aber noch unterhalb der Stellung des Arbeiters. Ludwig XIV erklärt eines Tages Colbert: "Wenn Sie wissen wollen, was Ökonomie ist, gehen Sie nach Flandern; sie werden sehen, wie wenig die Festungen der eroberten Plätze gekostet haben." Der König spielte hier auf die wichtigen Erd- und Mauerarbeiten an, die Louvois vornehmen ließ; indem er dem römischen Beispiel folgte, befahl er die Ausführung der Arbeiten direkt den Soldaten, denen er nur eine lächerliche Bezahlung gab und die er unter militärischer Disziplin hielt. Neben der Bahn des Migranten gab es die der Migration von militärischer Proletarisierung, welche sich seit der Antike oft vermischten; Garlan erinnert an jene Landstraßen und Märkte, wo sich spezialisierte Arbeitskräfte mit ihren Familien ansiedelten, beispielsweise am Tainare im Süden des Pelepones. Später gab es die Erschaffung einer ersten logistischen Rundreise, welche durch die zunehmende Rekrutierung von anationaler Arbeitskraft durch Vermittler und Kondottieri hervorgerufen wurde - die berühmte "spanische Straße" ist nach Parker mit dem Ho-Chi-Minh-Pfad zu vergleichen. An diesen Wegen errichtete man provisorische Baracken, die Betten wurden von den Gemeinden geliefert, man installierte Gesundheitsdienste, ähnlich denen der Krankenhäuser, die aufgrund der schlechten Existenzbedingungen jener Unglücklichen notwendig waren, die dem Lager oder dem Gefängnis entgingen, um erneut Soldaten zu werden. Bis zum 19. Jahrhundert waren die Kasernen Krankenhausräume, in denen Geschlechtskrankheiten und Seuchen wie Typhus mehr Verwüstungen unter den Soldaten anrichteten als die Schlachten und Kriegsverletzungen. Mit den Auseinandersetzungen von Massen und Bewegungen nahm der Erschöpfungstod bei den Infanteristen, nach Chambray, erschreckende Ausmaße an, parallel dazu konstatierte man eine zwangsläufige Entwicklung der Hospize, die die Einheit des mobilen Proletariats wiederherstellte, wie Dr. Wasserthur in seinem Bericht über den Zustand des Hospitals von Selestat vom 10. Juni 1884 feststellt, wo die kranken Soldaten,die Kriegsverletzten, durcheinander mit Typhuskranken, Krebskranken und Bedürftigen lagen.

Die sozialen Forderungen des militärischen Proletariats blieben lange Zeit auf das Lebensnotwendige und die einfache Subsistenz beschränkt. Neben dem Sold beinhalteten sie die Sicherung eines Arbeitsplatzes und eine Unterstützung von Kriegs- und Arbeitsinvaliden. Die Aufstände und Meutereien nahmen die Form von zahlreichen Streiks an, sie hatten kein weitgestecktes Ziel und bezogen sich im allgemeinen auf rückständige Soldzahlungen, Rückstände, die manchmal zehn Jahre betrugen. Die Meuterer formierten sich oft als autonome Kampfgruppen und wählten einen Führer (Electo espagnol, ambosat allemand ...), der von einem demokratischen Rat unterstützt wurde. Und plötzlich besannen sich diese proletarischen Truppen auf ihre anfänglichen Forderungen, sie versuchten, einen befestigten Platz in ihre Macht zu bekommen und sich dort zu halten, bis ihre Auftraggeber endlich gezwungen waren, nachzugeben und zu zahlen, was sie mußten, damit jene wieder die Fernstraße beschritten. Diese Soldatenrevolten mit begrenzten Zielen sollten dennoch eine wichtige Rolle in der politischen Entwicklung spielen, denn die Befriedigung ihrer Forderungen trug im Innern der Staatsgebilde dazu bei, die Entwicklung der materiellen Verpflichtungen und Steuern der arbeitenden und produktiven Volksschichten gegenüber diesen "Volksscharen des Luxus" anzukurbeln, (welche die alten Provinzherren ersetzten), die Steuern, jene ökonomischen Lehensabgaben, die oft direkt von den Soldaten erhoben wurden, "jenem raschen Hilfsmittel, das von Colbert mißbilligt wurde, der den Eintreibern (diesen schrecklichen Bestien, wie man sie bereits nannte) befahl, Gewalt nur im äußersten Notfall anzuwenden". So war der Staatsschatz in der Lage, auf angemessene Weise ständig stehende Armeen zu unterhalten und den zahlreichen Desertationen durch die Garantie regelmäßiger Zahlungen entgegenzuwirken. In einer lauen Periode, in der die militärischen Angelegenheiten sich nur schwer mit dem Geldreserven vereinbaren ließen,wie Clausewitz gezeigt hat, hatten die Vagabundentruppen, die man aufliest, wo man kann, bei sich oder beim Nachbarn, ohne sich um ihre Vergangenheit oder Herkunft zu kümmern, und viele gesunde Männer nur noch die Möglichkeit,als Abenteurer zu leben, also als Straßenräuber, die das Land besetzten, "eine voranschreitende Staffel, die auf den Feldern für nichts bezahlte..."

Seit Babeuf oder Engels hat man viel über die Mechanik von Soldaten/Proletarier-Körpern gesagt, vom Zwang zum Dienst in der Kriegsmaschine bis zu der unverändert zu wiederholenden Anzahl koordinierter Handgriffe (ungefähr zehn für jeden Kanonenschuß im 18. Jahrhundert zum Beispiel). Später hat man die Existenzbedingungen des Arbeiterproletariats untersucht, ohne deswegen wie Engels die Verachtung und Ablehnung aufzugeben, welche die mobile Masse der willenlosen Körper seit undenklichen Zeiten umgibt: während der Revolution von 1789 wird der freigelassene Arbeiter durch das Chapelier-Gesetz überwacht; der Körper der Frau wird im Harem oder in "geschlossenen" Häusern eingesperrt, sein Geschlecht wird verkauft oder vermietet und sogar verriegelt, eine Profitquelle des wechselnden Besitzers...Die Körper der "ausgesetzten Kinder" sind ein ideales Dressurobjekt; der "Janitschar" (der neue Soldat) wird den christlichen Sklavenfamilien schon in jungen Jahren entrissen, bevor er militärisch proletarisiert wurde. Im 15. Jahrhundert zeigen die Schlachten von Grandson und Morat die Bedeutung, die in der Schweizer Armee dem Vorhandensein von "elternlosen Kindern" beigelegt wurde, welche der Truppe vorausgeschickt wurden, um den Gegner zu täuschen; sie sind ausschließlich Trebegänger, die in den Vorstädten ausgehoben wurden, unglückliche Staffeln, die einem sicheren Tod geweiht sind. Im 17. Jahrhundert konstatiert Vauban nach der Rückkehr von einer Inspektionsreise, daß das Königreich gefährdet ist..."durch jene befestigten Plätze, die durch Garnisonen bewacht werden, welche aus Kompanien von Kindern und unglücklichen, kleinen Armen bestehen, die man gewaltsam von zu Hause entführt oder auf hundert verschiedene Weisen verschwinden läßt". Die Entführung und das Kidnapping sind klassische Vorgehensweisen des Dromokraten, und so war es auch normal, daß die militärische Revolution von 1789 legal das Kinderproletariat zur Arbeit einsetzte.

1846 schreibt die "Revue des deux mondes", daß es in Frankreich innerhalb eines Jahres 32000 ausgesetzte Kinder gab, daß also eines von dreißig Kindern keinen bürgerlichen Status hatte, das heißt keine *Identität*. George Sand, die sich darüber aufregte, beschreibt in "Francois le Champi" den Vorgang des Aussetzens: das Kind wird einem Reisenden übergeben, der es in seiner Kutsche mitnimmt und dann auf freiem Felde aussetzt.

Das Kind ,"das noch nicht das Alter der Vernunft erreicht hat",verliert seine Identität, indem es aus einer geographischen Gruppe ausgeschlossen und auf der Bahn, der Fernstraße laufen gelassen wird.

Immer weiter besteht die Differenz zwischen dem "Freien" und dem "Mechanischen", das reine Motorik ist, welche auf Mechanik beruht und eben deshalb gleichermaßen von Ungebildeten und von Tieren bedient werden kann (Equicola 95): "die körperliche Arbeit war für die anthropozentrische Gesellschaft der Renaissance eine ebenso unedle Angelegenheit wie im Mittelalter", notiert Anthony Blunt in "Artistic Theory in Italy 1450-1600". Der Körper des Arbeiters ist in der Tat nicht einem menschlichen Modell vergleichbar,das selber ideal komponiert ist,wie ein wesenhaft vernünftiger und harmonischer Mensch à la Vitruv, oder wie er in den Kreisen und Quadraten der euklidischen Geometrie enthalten ist, dem Symbol

seiner sozialen Überlegenheit, da sie eine Geometrie der Durchdringungs- und Herrschaftslinien ist.
Es ist merkwürdig, gegenwärtig zu beobachten, wie eine Debatte über die Behandlung von Tieren aufkommt, über ihre Aussetzung, Tötung, über Vivisektion usw.., aber auch über das große Ausstattungskino, das eine große Anzahl von Tieren opfert. Bei dieser Gelegenheit ist es interessant,die Antwort eines Schauspielers, des "Doubles" Dominique Zardi, zu zitieren, der in der Rubrik "Der Leidensweg der Tiere" angegriffen wurde, und der am 16.8.1977 in "France - Soir" einen Leserbrief veröffentlichte: "Die kleinen Schauspieler befinden sich in der gleichen Lage (wie die Tiere), sie sind auch untergeordnete,zusammengestauchte und schickanierte Brüder,die auf das Bild zurechtgestutzt werden... ich bin wirklich ziemlich hart... *was ich gemacht habe, hätte kein wildes Tier machen können, dennoch habe ich niemals einem Tier, einem Kind oder einer Frau, was ja fast das gleiche ist, etwas Böses angetan, wie jeder weiß.*"Der von der Vernunft getrennte Körper des Doubles wird mit dem von anderen Domestiken in Verbindung gebracht, *die in der gleichen Lage sind*; seine Arbeitsleistungen werden hier vom Diktator der Bewegung, dem Regisseur noch vollständig mit denen des Tieres verglichen. In den alten Gesellschaften gab es Abkommen und Zeremonien, die die Heirat der "Frau als Lastträgerin"* begleiteten und die in einem Austausch von Tieren zwischen den Parteien bestand. In den Armeen und bei der Polizei gibt es Tierproletariate, wofür die kürzliche Verwendung von Meeressäugetieren ein modernes Beispiel gibt, wie auch das Weiterbestehen von Hundere-

---

*vgl.P.Virilio:Fahren,fahren,fahren..,Berlin'78, S. 76

gimentern, die für den Infanteriekampf dressiert werden, und Hygiene-Diensten, die durch jene "Katzenkommandanturen" sichergestellt werden, von denen Malraux anläßlich der Schlacht von Azincourt spricht. Vehikel-Körper von Pferden, die im Mittelalter für Projektile genommen wurden, Elephantenkörper als Kampfwagen,Bulldozer oder Traktoren, Kamele oder auch Maultiere,jene Vehikel für jedes Gelände. Was die Tauben betrifft, jenes Beutetier, so sind sie Medien, deren Besitz einer gesellschaftlichen Elite vorbehalten ist, die selber räuberisch ist: eben die durch Brieftauben schnell erhaltenen Informationen erlaubten es Jacques Coeur, sich immer mehr auf dem ökonomischen Markt und insbesondere durch Seehandel zu bereichern. Es ist höchst erstaunlich,in seinem Stadthause in Bourges jene Meßbecher für die Salzsteuer zu sehen, wahrhaftige Tröge, die dazu bestimmt waren, die Steuer des "Produzenten/Arbeiter"-Viehs entsprechend der Salzmenge zu bemessen, die sie als subsistierende Tier/Körper notwendig brauchten, buchstäblich der Preis ihres Schweißes, da die körperliche Bewegung einen fünfmal höheren Salzverbrauch hat als ein ruhender Körper. Gandhi wollte die Inder anläßlich der Salzbesteuerung gegen die Engländer aufwiegeln, weil diese eine Ökonomie der Gewalt und einen langsamen Tod bedeutete, der dem kolonisierten Volk durch den abendländischen Eindringling auferlegt wurde. Aber die selbst heute noch am meisten verbreitete Überzeugung über die ihrer Identität beraubten herumvagabundierenden Körper, jene lebenden Toten, besagt, daß sie von anderen Willen als ihren eigenen besetzt,bewohnt und besessen sein wollen; das ist auch der Gehalt des "Nicht raisonniren!" von Friedrich II. An dieser Stelle ist es wichtig, sich an die Disqualifikation des Willens bestimmter geschlechtlicher,

sozialer oder Rassen-Gruppen, an die Bedingungen, die den Nachkommen der schwarzen Sklaven in den Vereinigten Staaten auferlegt wurden, und an ihren Kampf um die *Bürgerrechte* zu erinnern; das Wahlrecht bedeutet nur für den "freien Menschen" ein *Recht auf freien Willen* und man gewährt es nicht den seelenlosen Körpern, auch nicht durch das Gesetz von 27. August 1791 in Frankreich, das diese Tendenz noch verstärken sollte, indem es bestimmte, daß nur *Grundbesitzer* wählen dürften; immer wieder die Entscheidungsohnmacht des herumvagabundierenden Körpers und auch der Frauen, die es so schwer haben, das Wahlrecht zu erlangen und an diesem eigenartigen republikanischen Universalismus teilzunehmen!
In ihrer Relation nicht zur Unvernunft, sondern zur schlichten und einfachen Abwesenheit von Vernunft der Körper von Unwissenden begreift man hier die gesellschaftliche und politische Bedeutung der "liberalen Vernunft" (vom freien Meer bis zum freien Krieg); eine Relation, die getreulich ebenso im Funktionsmodell des Marxisten wie in dem des Kapitalisten auf niederer Ebene reproduziert wird... für eine gewisse Zeit noch. Mit dem Aufkommen der dromokratischen Macht beobachtet man eine Art von Perversion der ursprünlichen Transmigration: indem die Seele individuell geworden ist, ist sie Vernunft geworden, das heißt zum Sitze einer vorsorglichen Regelung unserer Handlungen, Bewegungen und somit der Gesamtheit unserer Geschicke, was übrigens nicht ohne Widerstand gegen diese Vermengung von gesundem Menschenverstand mit der geometrischen Hypothese von einem *höheren Geist* vonstatten geht, höherer Geister des Militärs wie Turenne und Vauban oder der Bourgeoisie wie Colbert; wie Moreau de Jonnès in seinem "Etat économique

et social de la France de 1589 à 1715" bemerkt: die Statistik ist unseren alten Gewohnheiten feindlich - die Statistik von Vauban, der von 1 auf 25000 schließt, würde kaum unsere absolute Zustimmung erhalten, aber aufgrund des Fehlens jeglicher Landvermessungen mußte man eben auf induktive Methoden zurückgreifen, um durch eine mehr oder weniger zutreffende Approximierung Aufteilungskriterien zu bekommen. Später haben Arthur Young, Chaptal und Lavoisier ihre statistischen Tafeln nach dem induktiven Modell der Tafeln von Vauban gebildet, aber mit dem Unterschiede,daß zwei Drittel der Voraussagen zu falschen Ergebnissen geführt haben. Noch später bemerkt Moreau, daß Vauban Zahlen durch ihre *Transformation in metrische Maße* leicht verständlich werden...Die Seele besteht nicht mehr vor oder nach der Auflösung ihres Vehikel-Körpers oder ihrer Maschine, sondern als potentielle Vernunft und insbesondere als wissenschaftliche Vernunft kann sie auf fremde Körper einwirken, die räumlich und zeitlich weit entfernt sind, auf tierische, territoriale oder pflanzliche Körper, auf willenlose Körper und auf Körper, die *noch gar nicht geboren sind*, welche zu technischen Körpern oder Objekten von Techniken werden.
Da hat man die wirkliche gesellschaftliche Herrschaft, das Bestiarium der Maschinen. Das Rassepferd handelt nicht, es wird vom Reiter behandelt dank des Transmissionsriemens und der Beschleunigungssporen, sonst geht es durch und kehrt zum Unkontrollierten, zum Wilden zurück... es verschafft sich Ausdruck!
Die Vernunft bedeutet nunmehr (wie in der Bibel) für die Körper eine Art ihres Todes. Bezeichnenderweise war zu Beginn des klassischen Zeitalters das Spektakel, das die Verrückten und Besessenen boten, genau so alltäglich wie heute das der

Drogenabhängigen. Man beobachtet die kinetische Wirre ihrer unerklärlichen Verhaltens- und Redeweisen, der Besessene wurde, selbst wenn er schrie, redete oder sich beklagte, wie ein Tier als nicht leidensfähig beurteilt; deshalb konnte er kein Gegenstand des Erbarmens sein, daher das juristische und später "medizinische" Arsenal von Behandlungsformen, die diesen Körpern ohne Seele Tag für Tag von ihren Eigentümern, Henkern, Richtern oder Ärzten zugefügt wurden, Verbrennungen, Stechwunden und das Ausreißen von Nägeln und Haaren als Vorläufer des Elektro-Schocks. Der Körper ist ein leeres Haus, in dem, wenn man nicht achtgibt, beunruhigende Mieter aufeinander folgen, ein Haus, das man unkomfortabel halten muß, und die Psychoanalyse folgt heute noch praktisch diesem Glauben, indem sie eine Wiederkehr des Unbewußten in den Ausdruck eines vernünftigen Bewußtseins verwandeln will.Aber mehr als Häuser sind diese Körper *metabolische Vehikel* und Pseudo-Dämonen, die man zu tilgen beabsichtigt, auch sie sind zunächst Intelligenzen, die auf der Durchreise sind und die dabei noch einmal nach Art des Reiters den "richtungsbestimmenden Sitz" einnehmen, der, indem er sein Pferd kontrolliert, vorgibt, es als Motor zu seiner Verfügung zu haben. Die fremden "Intelligenzen" erregen in den vakanten Körpern eine ungewöhnliche Energie, indem sie ihnen übereinstimmende Gesten befehlen. Die alte Seelenwanderungstheorie stellte sich eine Überfülle von Intelligenzen auf der Suche nach undifferenzierter Materie vor; die Bewegung der Seelenwanderung wurde so gesehen, als ob sie sich natürlich und insbesondere bei der Geburt und im Tode von irgendwelchen Körpern vollzöge, wodurch jenseits gesellschaftlicher Organisation eine Art von physischer Gleichheit geschaffen wurde.Zusätzlich sei bemerkt, während der Holzfäller sich in einen Eroberer verwandelt, verschwindet diese poetische Potentialität der Bevölkerung zugunsten einer militärischen Potenzialität, die poetische Wanderung der Seelen verschwindet zugunsten ihrer Eroberung, das heißt zugunsten einer Reise der Körper und somit ihrer Deterritorialisierung und Ungleichheit. Mit der Besitzergreifung der Vernunft wird das *Vernünftigmachen* von metabolischen Vehikeln buchstäblich zu einem Piratenstreich. Doktor Olivenstein spricht von der Psychoanalyse als einer "Brechstange zur Durchdringung des Psychischen, der stärksten und der wichtigsten Brechstange...", überall der unbewußte Bezug auf Gewalt und das Recht der "Eindringung/ Macht" und deren mechanische Techniken. Es ist nicht sicher, ob die russischen Psychiater, die von ihren in diesem Jahr auf dem Kongreß versammelten Kollegen politischer Gewalttätigkeit angeklagt wurden, nicht letztendlich diejenigen sind, die der Ethik ihrer Kunst am treuesten sind.Denn die besteht in der Repression und Dressur à la Skinner und den Heilungen von Drogenabhängigen von Sakol: "Sie nehmen zwar keine Drogen mehr, *aber sie laufen herum wie Schatten*", konstatiert auch Olivenstein... lebende Tote, die ständig bereit sind, fremde Passagiere aufzunehmen. Die gesellschaftliche Inszenierung der Liebe war vielleicht einer der letzten poetischen Versuche der flüssig-fließenden , sich hier und dort verkörpernden Seele; die brutale Entschleierung des Sexualaktes, Sexualerziehung oder Pornographie als technische Erklärung sind eine andere Form des Vernünftigmachens der Körper von "Unwissenden"; die logische Folge des Gymnasiums, auf die berühmte Körperkultur "à la Schweden" folgt das moderne Amalgam von Straße und Sex, Körper, die in zufällige Begegnungen geritten

werden, schnell vergessene sexuelle Kollisionen, Autos, Motorräder, die man stiehlt, aufreißt und verläßt[11].
Das "gute Verhalten" und die "gute Führung" ist keine Frage von *Moral* mehr, welche an den öffentlichen Schulen gelehrt wird, sondern eine Verkehrsregel, deren Lehre bereits in den ersten Klassen obligatorisch wird. Aber ist das nicht bereits das Abenteuer des militärischen Mönchtums, das den mystischen Körper Christi in einen Armeekörper verwandelt, in eine Marschordnung?

Lange vor den Piraten, den Sturmtruppen, den Vorstadtrockern hatte der soldatische Mönch Gefallen am Arsenal des Todes und Terrors gefunden; wenn die Militarisierung der Gesellschaften von nun an aus jedem Bürger eine *Kriegsmaschine* macht, so wird der Soldaten-Mönch auf diesem Gebeit tatsächlich zum Modell und Vorläufer. Die Reform der großen Orden, die das militärische Vagabundentum unterdrücken sollten, war eine bedeutsame Revolution, da die "Einsamkeit" des Mönches auf bedeutende und nicht-nationale, bewaffnete Gruppen ausgedehnt wurde, eine Instaurierung des mönchischen Autismus inmitten der Natur, der Zeit, des Raums und der menschlichen und sozialen Organisationen, die er ablehnt, und der Verzicht auf persönlichen Geschmack und Identität nehmen den Nihilismus der technischen Revolution vorweg, von dem Heidegger spricht. Der Mönch, der sich selbst freiwillig entsagt, indem er Schweigen, Enthaltsamkeit und insbesondere Gehorsam gelobt, wird zum Vehikel seines Beichtvaters, des "Führers" seines Gewissens, zu einem die "Ordnung" lenkenden Transmissionsriemen, einer höheren und universellen "Vernunft". Wie man weiß, ist das Mönchtum eine eher militärische als religiöse Erfindung, man findet es unter allen Himmelsstrichen. Während sich der Staatsbegriff entwickelt, vervielfältigen sich seit der Antike gleichzeitig die militärischen Sekten. Es ist ganz natürlich, daß Hegels moderner Staatsbegriff in Preußen entsteht, der ehemaligen Domäne des Deutschen Ordens, die 1525 säkularisiert wurde. Und gerade mit ihrer Organisation in "Zellen" wurden die Carbonari zum Modell für andere revolutionäre Gruppen, jenen clandestinen Bewegungen, die in Rußland zur Achse eines systemasierten terroristischen Krieges und eines permanenten Nihilismus wurden, der jenem permanenten Krieg vergleichbar ist, der von den großen Orden geführt wurde, zunächst gegen die Muselmanen, dann in Amerika gegen die Sklaven oder in Spanien gegen Napoleon in Form einer Guerilla...Dugesclin, der geheime Großmeister der soldatischen Templer[12], hatte sich auch darin bereits ausgezeichnet. Ebenso gediehen in den angelsächsischen Ländern Puritanismus und Industrialisierung gemeinsam, und mit dem industriellen Internat wurde das Einsetzen der seelenlosen Körper von Kindern und Frauen zur Fabrikarbeit zur Erlösung, da diese Körper durch vernünftige Seelen in Bewegung gesetzt wurden, durch Ingenieur-Seelen, die den Auftrag hatten, ihr Verhalten und Ihre Bewegungen zu definieren. "Arbeit macht frei" *, chinesische oder nationalsozialistische Umerziehungslager übernehmen diese alte Überzeugung auf ihre Art.

In diesen verschiedenen Beispielen übernehmen der Eroberer und der Krieger eine Funktion, die als eine Perversion der Funktion des Priesters erscheint. Für die Juden und Christen ist auf den ersten Seiten der Bibel bereits alles gesagt: *der Krieger ist ein pervertierter Priester.* Bei dem er-

---

* im Original deutsch (A.d.R.)

sten Mord geht es in der Tat um eine Form der Besitznahme von fruchtbarem Boden, um seine Bearbeitung und insbesondere um den von Gott im Tausch erhaltenen Lohn. Gott akzeptiert bereitwillig das von dem Schäfer Abel gebrachte Opfer, und er weist das des Ackermannes Kain zurück. Als das Bild des ersten Menschentöters erscheint, geht es direkt um *den Ertrag des Bodens*. Es ist dort schon alles in weniger Zeilen angesprochen, das *Leiden* der Erde,"die ihr Maul auftut" und heult, als sie zum ersten Mal Menschenblut empfängt; der Erdkörper ist in der Lage, sich zu verweigern.(Er soll dir hinfort sein Vermögen nicht geben, sagt Gott,...unstet und flüchtig sollst du sein auf Erden.) Der so plötzlich deterritorialisierte Ackermann, der erste Menschentöter, wird unmittelbar darauf als (nicht-adeliger) *Städtebauer* bezeichnet.
Die Bedeutung von Priestern (Magiern) und Patriarchen beruht auf ihrer Fähigkeit, den Handelsaustausch mit Natur/Göttern einzurichten und dabei deren Launen und Ungestüm zu besänftigen; aufgrund ihres wissenschaftlichen Empirismus wissen sie, was zu tun ist, daß das Opfer, der Zins des Bodens, angenommen wird (sie sammeln,sie setzen fest und erheben die Abgaben; der Zehnte oder heute die Kirchensteuer sind Fortsetzungsformen davon). Während sich an den Ufern des Mittelmeers mit den "Fremden" ein Handel von beweglichen Gütern herstellt, ist es interessant,zu beobachten, daß der Tausch sich auf ähnliche Weise abspielt (und heute noch bei bestimmten Nomaden so vonstatten geht); zwischen den beiden Parteien gibt es weder einen physischen, noch einen visuellen Kontakt, die Ware wird am Ufer oder am Straßenrand abgelegt, wo ein Fremder sie im Vorübergehen mitnehmen wird und an ihrer Stelle den zugestandenen Wert niederlegt, dann macht

er sich davon. Er passiert das Gebiet des anderen also wie ein Schatten und setzt kaum einen Fuß darauf, so wie jene Seelen und Geister, die an unsichtbaren oder unbewohnten Orten des Universums hausen. Die Kolonialkontors und die freien Häfen reproduzierten auf ihre Weise diesen Austauschvorgang jenseits der militärischen Konventionen.Der Krieger, der dromokratische Töter und der Erbauer von Städten konzentriert, wie wir gesehen haben, im Verlaufe der Geschichte seine ganze Energie und sein Wissen auf diese Vorstellung einer Zinszahlung an die Erde; die bewaffnete Kraft ist immer nur eine Kraft der militärischen Besetzung und eben auf dieser Ebene erscheint der Kriegsmann als pervertierter Priester. Einzigartigerweise tendiert der totale Krieg und später der nukleare Status-quo dahin, ihn dieser ursprünglichen Rolle wieder anzunähern. Denn das Prinzip der Abschreckung ist nicht nur eine strategische Formel, sondern die Bezahlung eines Bodenzinses durch die Bewohner des Erdbodens, buchstäblich eine Zahlung für die ihnen verbleibende Frist (Grenze und Ende); der heimatlose Krieger, der einen weltweiten nuklearen Wall errichtet, ist imstande, von Bevölkerungen, die alle heimisch geworden sind, einen außergewöhnlichen Zins zu erpressen, indem er die erforderliche Höhe nach den "durchlaufbaren, zu schützenden Metern" bestimmt. Die Aufgabe des Helden als militärischer Schutzherr und Steuereintreiber ist somit in keiner Weise begrenzbar auf den oder vielleicht sogar vergleichbar mit dem "menschlichen Handel", so wie Clausewitz sie zum Beispiel versteht. Die Vergewaltigung der (göttlichen) Gastfreundschaft der Erde durch den Krieger oder den soldatischen Mönch bedeutet keine Erwerbung oder Kapitalisierung ihres Bodens und ihrer Reichtümer im Namen eines Staates, dessen Instrument (Brechstange, wie Saint-Just sagt!) er wäre, sondern all das geschieht als eine unendliche Expansion der Gewalt selber. Man findet das übrigens ganz klar empfunden bei den *großen* Eroberern selber: Alexander war damit zufrieden, Überfälle zu machen, und er fürchtete sich allein davor, *auf eine Grenze zu treffen* und somit auf ein Ende seiner Durchdringungskraft; wenn Friedrich II. erklärt, "siegen heißt avancieren", so behauptet Napoleon I., daß er nur *Grundlagen legen und nicht besitzen will.* Die Eroberung wird reduziert auf die Suche, die Heldentat besteht in der Bewegung. Napoleon starb wie ein Soldatenmönch arm in seiner kleinen grauen Hütte, die ihn auf dem Schlachtfeld von seinen Generalstäben und aufgeputzten und gierigen Generälen unterschied, womit er den "gleichgültigen" Charakter bezeichnete, den er seiner Militärkunst geben wollte. Pervertierte Priester, Muselmanen, Christen oder andere, die das Arsenal des Krieges zugleich mit dem Inferno entwickelten, wobei sie die Armut mit dem "Haß auf die Welt" und der Bankpolitik vermengten, übten sich bis zu dem Punkt in Menschenraub, Lösegeldsystemen und sozialer Protektion (welche zur Perversion der Barmherzigkeit als Unterstützung von Körpern und zur Perversion der Armut als Geldmacht führte), daß - als diese großen Mechanismen aufhörten zu ihren Gunsten zu funktionieren - das römische Mönchspapsttum sich auflöste, und zwar sein militärisches Sicherheitssystem zugleich mit seinem sozialen Sicherheitssystem, die Inquisition zugleich mit seiner weltlichen Macht. Genauso erging es den *großen* Eroberern, sie alle waren verloren, als sie auf die Vergewaltigung von Nationen verzichten mußten; alle Größe liegt im Angriff, in der Dimension, die sich der Entfernung verdankt. Krieg ist Angriff, weil der

Krieg eine permanente Vergewaltigung der Gastlichkeit der Erde und deren Durchdringung beinhaltet. Hier drängt sich erneut die Sichtweise auf, den Geschwindigkeitsmesser des Rennwagens und der Kampfmaschine als ein Existenzmaß für das Sein des Krieges zu betrachten, ein schwindelerregendes Verfließen von Zeit, ein Tribut der Schnelligkeit auf den durchlaufenen Meter, welche den Erdbewohner ruiniert, aber zugleich die Substanz ihres Eroberers zerstört und die Stunden mißt, die dem Überlebenden bleiben. Insgesamt hängt sein Verschwinden (wie bei der Umwendung des topologischen Ringes) von der Antwort ab, die er in Zeit und Raum auf die Frage von Alexander dem Großen zum Problem seiner Grenzen geben wird[13]. Die Leistung des Eindringlings ähnelt der seines sportlichen Gegenbildes, jenen olympischen Champions, deren Rekorde zunächst von gewonnenen Stunden zu Minuten und dann von Sekunden zu Bruchteilen von Sekunden übergehen, und die, je gesteigerter und schneller sie werden, einen immer lachhafteren Fortschritt beinhalten, der nur noch mit Hilfe der Elektronik registrierbar ist. Der Champion wird eines Tages in den Grenzen seines eigenen Rekords verschwinden, was sich bereits bei der biologischen Manipulation abzeichnet, für die er nur Objekt ist und die jenen künstlichen medizinischen Überlebensmethoden ähnlich ist, die man bei Sterbenden anwendet.
Die Maschine ist für den Dromomanen auch eine Prothese des Überlebens. Es ist bemerkenswert, daß die ersten Automobile, wie zum Beispiel der militärische Rollwagen des Joseph Cugnot von 1771, in Dampf gehüllt waren, so daß sie sich bereits wie an der Grenze der Seelenwanderung des animalischen Körpers befanden; als ein Relais der historischen Entwicklung standen sie am Übergang vom metabolischen Vehikel zum technologischen

Vehikel, sie haben ihren Dampf ausgestoßen, wie einen letzten Atemzug: eine letzte symbolische Manifestation der Antriebs-Macht lebender Körper.

3. Das Ende des Proletariats

> "Einen proletarischen Aufstand kann man unter der Bedingung machen, daß die anderen den Befehl geben, nicht zu schießen, wenn man auf zwei Bataillone von Panzern trifft, sind die proletarische Revolution oder Nichts das gleiche..."
>
> André Malraux, Entretiens

Allem Anschein nach gab es eine Koinzidenz, aber keine Konvergenz, zwischen dem dromologischen Fortschritt und dem, was man gewöhnlich als menschlichen und sozialen Fortschritt bezeichnet. Die Entwicklung läßt sich folgendermaßen zusammenfassen:

1. Eine Gesellschaft ohne technologische Vehikel, in der die Frau die Rolle einer logistischen Gattin spielt, als Mutter des Krieges und des Lastwagens.[11]
2. Ein vages Vernünftigmachen von seelenlosen Körpern zu metabolischen Vehikeln.
3. Das Reich der Geschwindigkeit und der technologischen Vehikel.
4. Konkurrenz und später Niederlage des metabolischen Vehikels gegenüber den technologischen Boden-Vehikeln.
   Und in einem letzten Absatz kann man logisch folgern:
5. Ende der Diktatur des Proletariats und Ende der Geschichte in einem Krieg um Zeit.

Wenn man zu den Definitionen von Goebbels und Engels zurückkehrt, so ist die Vorstellung des (arbeiterrevolutionären oder anderen) Militanten nur eine degradierte Form des Soldaten-Proletariers. Die Proletarisierung des Arbeiters ist nur

eine Form von Militarisierung, eine provisorische Form.
Seit 1914 war die Antriebskraft und damit auch die politische Kraft des Proletariats auf den europäischen Schlachtfeldern keine Täuschung mehr, sie wurde im Gegenteil dringend benötigt für die Baustellen des kontinentalen Krieges. Da die Militärklasse sie unter Kontrolle behalten wollte, gab sie ihr die Illusion, dominieren und die bürgerliche Festung beseitigen zu können. Letztere war bereits zur Ruine geworden, war in allen Teilen durchlöchert von den Medien der Autostraße, durch Radio, durch Telephon und Fernsehen; aufgrund der anti-städtischen Strategie wurde sie von ihren ehemaligen Verteidigern dem Proletariat zur unmittelbaren Zerstörung versprochen. Erst viel später bekam man indessen in Prag, Warschau oder Beirut die Grenzen dieses *militärischen Zugeständnisses* zu spüren... und auch in Paris im Mai 68, als nach der Besetzung des Odeons die Macht von einem Augenblick zum anderen den Einsatz von Panzerwagen gegen den Volksaufruhr geplant hatte.
Während sich in den 20-iger Jahren überall - von München bis zu den Toren Indiens - die "bolschewistische Bedrohung" ausbreitete, begann die französische Regierung mit einer neuen Politik von sozialer Fürsorge. All dieses war durch die logistische Aufrüstung der militär-industriellen Nationen Europas und der Welt notwendig geworden, und dennoch wunderte sich jederman, in Teil XIII der Präambel des Versailler Friedens-Vertrages geschrieben zu finden, daß es neuerdings "Existenzbedingungen der Arbeiterklasse gibt, die mit dem Weltfrieden unvereinbar sind..."; für "das Gleichgewicht der militärischen Kräfte auf der Welt" war das eine höchst geeignete Formel!

Dieses neue Amalgam wurde von Ernst Jünger teilweise in seinem 1932 erschienene Essay "Der Arbeiter" (eine Arbeitergestalt, die den Militär und den Industriellen miteinschließt) beschrieben, ein Werk, das eine riesige Leserschaft bekommen sollte und für die Deutschen schnell zu einem wahrhaften politischen Programm wurde...
Ebenso wird die 'Linksunion' solange eine Illusion sein, wie sie bis heute - nach einem Ausdruck von General Cluseret - sich darin vernarrt, daß "die Armee eine Unbekannte in der gesellschaftlichen Gleichung bleibt". Alles in allem liegt ihre Stärke allein in ihrem Stillschweigen zu der militärischen Frage, und es ist unvermeidlich, daß sie sich um die Frage einer Nationalen Verteidigung herumdrückt und daß die Kommunisten, welche schon immer dem marxistischen Modell militärischer Proletarisierung verpflichtet waren, und die Radikalen und Sozialisten untereinander zerstritten sind, wobei letztere seit dem Mai 1968 einen Sozialismus mit "menschlichem Angesicht" befürworten, der ihnen eine neue und ein bißchen entpolitisierte Wählerschaft zuführen soll.
In Südeuropa wurde das "Ende der Diktatur des Proletariats" unter der Schirmherrschaft der portugiesischen Generäle von der M.F.A. verkündet. Man braucht darin nicht, wie Georges Marchais es später versuchte, eine Erneuerung bzw. eine Abschwächung des ideologischen Willens sehen, da "das Wort Diktatur seit der Erfahrung des Faschismus einen unangenehmen Klang im Ohr hat".
Man kann bei den portugiesischen Militärchefs, die aus einem langen und blutigen Feldzug kolonialer Unterdrückung zurückgekehrt waren, wahrhaftig keinen übersteigerten Humanismus voraussetzen. Mit jenen von Cunhal hofierten marxistischen Generälen bekommt die Diktatur des Proletariats wieder ihren anfänglichen militärischen Sinn; als

Techniker des Krieges bestätigen sie, daß die Zeiten vorbei sind, daß die kinetische Energie des Proletariats das politische Leben dominierte,nachdem sie bereits das Schlachtfeld dominiert hatte, jene Zeiten, in denen nach Lenin die Arbeiterklasse plötzlich die Aufmerksamkeiten und Anstrengungen der Kapitalisten auf sich zog. Von da an wird der animalische Körper des Proletariers ebenso entwertet wie vor ihm die Körper anderer Domestikenarten. Das Ende der Diktatur des Proletariats ist nur die kommunistische Version von Feststellungen, die von der französischen Armee - zum Beispiel als sie die Einspruchsmöglichkeit gegen den Wehrdienst unterdrückte (Gesetz vom 9. Juli 1970) - und von liberaler Seite 1975 von den Mitgliedern der "Trilateralen Kommission" anläßlich der Krise der Demokratie getroffen wurden: "Wir haben nunmehr erkannt, daß, wenn es möglicherweise wünschenswerte Grenzen des ökonomischen Wachstums gibt, es dann möglicherweise auch wünschenswerte Grenzen einer unendlichen Erweiterung der Demokratie gibt." Die Krise der liberalen Demokratien bedeutet das Ende einer Mobilisierungsform von Staatsbürgern; die zentrale historische Pseudo-Figur des dominierenden Produzenten wird von den beiden großen ideologischen Blöcken gleichzeitig beiseite gedrängt:der Arbeiter/Proletarier wird zur gleichen Zeit wie der Produzent/Konsument der kapitalistischen Welt für unbrauchbar erklärt. Die revolutionäre Erfahrung der M.F.A. war in dieser Hinsicht exemplarisch, da sie beabsichtigte, die Gesamtheit der portugiesischen linken Kräfte auf ein anderes Niveau zu heben, das nämlich einer "Zivilisation der Armee". So beschrieb 1975 Kapitän Correira Jesuino, der zum "Minister für Sozialfragen" geworden war (man denkt hier an die Schaffung eines Seefahrerproletariats unter Ludwig XIV durch den ehemaligen Galeerenkapitän Valbelle), die "linken " Offiziere als "Ethnologen, die ein primitives Volk studieren", denn ihm zufolge ist das ganze portugiesische Volk unterentwickelt. J. F. Revel, der diese Aussage in "L'Express" (14. April 1975) veröffentlichte, wies darauf hin, daß das durchschnittliche Einkommen des Portugiesen mit dem der Bretonen und Waliser vergleichbar wäre, und er sah nicht, worin diese Unterentwicklung bestehen sollte. All das ist aufgrund ökonomischer Bezüge tatsächlich nicht zu begreifen, es ist nur erklärbar, wenn man das dromologische militärische Denken voraussetzt, um erneut die Teilnahme jedes Einzelnen am Staatsganzen zu hinterfragen und diese Teilnahme zu problematisieren. Ebenso, wenn das Nuklearproblem 1977 die Linksunion nahezu platzen ließ, so weniger aufgrund der Frage von Megatonnen,als aufgrund der Frage nach *den politischen Vektoren der neuen* nuklearen *Macht*. Ohne daß wir es zur Kenntnis nehmen, *hat die Atomwaffe logischerweise die politische Verfassung der Staaten auf der Welt modifiziert*. Wie ein Jurist bemerkt:"Man muß begreifen, daß die Atomwaffe zu einer Quelle des Verfassungsrechtes geworden ist, da sie unsere Verfassungswirklichkeit verändert." Auch hier zählt bei der Abschreckung weniger die endgültige Zerstörung als die Fragen, wie sie durch die Paragraphen 5 und 15 der französischen Verfassung von 1958 über den einsamen Entscheider aufgeworfen werden, zu dem der Staats- und Armee-Chef, der Präsident der Republik und Garant der Integrität des nationalen Territoriums geworden ist. Die Schnelligkeit der politischen Entscheidung hängt von dem Entwicklungsstadium der Vektoren ab: wie soll die Bombe transportiert werden und mit welcher Geschwindigkeit? Die Bombe ist politisch,wird gerne wiederholt, sie ist dieses aber

nicht vermöge ihrer Explosion, die nicht stattfinden darf, sondern weil sie die letzte Form von militärischer Verwaltung ist.
Die politische Bourgeoisie und auch die "revolutionären" Parteien, welche beide durch eine lange Periode der Koexistenz, der Vollbeschäftigung und durch die Euphorie kontinuierlichen Wachstums gelähmt sind, sind dabei, in Europa zu verifizieren,"daß man mit einem Bajonett alles machen kann, außer sich draufsetzen". Die proletarische Revolution geht von nun an *notwendigerweise* in Revolutionen der militärischen Institutionen innerhalb des staatlichen Verfassungsapparates über, und in der Wirklichkeit sind die hauptsächlichen Akteure, die in den letzten Jahren die Initiative ergriffen haben, nicht mehr die großen politischen Parteien, sondern die Armee, die Gewerkschaften und sogar die Gewerkschaften in der Armee.Man sollte hier den anationalen Charakter dieser Ereignisse beachten,denn wenn die französische Gewerkschaft C.F.D.T.zur Unterstützung der Soldatengewerkschaften gezwungen wird und "Genenalstände* der Soldaten" vorschlägt,so hat zur gleichen Zeit in den Vereinigten Staaten die berühmte A.F.L.-C.I.O.-Zentrale sich bereit erklärt,die Soldatengewerkschaften unter ihre Fittiche zu nehmen.
Hier geschieht etwas ganz Fundamentales,auf das niemand deutlich hinweist: es entsteht auf der ganzen Welt ein außerparteilicher Dialog zwischen den Arbeitskräften und der Militärklasse,und kurzgesagt beginnt eine "Latinisierung" Europas, die derjenigen des südamerikanischen Kontinents sehr vergleichbar ist. Wenn General Vargas Prieto,"der

---

* 'états généraux' nennen sich seit dem Vorabend der Französischen Revolution,die mit den 'Generalständen' von Notabeln begann,Zusammenkünfte von Berufsgruppen,z.B. Filmern u. Schriftstellern 1968 und Philosophen 1979 (A.d.R.)

als einer der fähigsten und progressivsten Führer der peruanischen Armee angesehen wird" ("Le Monde",4.Nov.1975), kürzlich in einem Interview erklärt, daß "die echte Avantgarde der peruanischen Revolution durch die Streitkräfte gebildet wird, der Wurzel und dem institutionellen Wesen des Volkes, da sie aus ihm hervorgegangen sind", so verstehen wir, daß es sich hier um die Wiederkehr einer Situation handelt, die dem politischen Marxismus - der Negation des Polis-Staates durch die revolutionären proletarischen Kräfte - vorausgeht. "Le Monde" meldete im August 1977,daß General Pinochet die DINA, seine politische Polizei, zugunsten der Militärpolizei abgeschafft habe. Die Dinge vereinfachen sich... Das bedeutet wirklich das Ende des Staates mit einer vernunftbestimmten Demokratie: sie schwenkt in einen außerparteilichen Prozeß um, in dem die Gewerkschaften und die disparatesten und am wenigsten "sozialisierten" Gruppen die erste Rolle spielen werden. Wir bewegen uns auf ein Zerbersten der nationalen Produktionssysteme zu,sowie auf ein größeres Eigengewicht der Gewerkschaften, wie sie zum Beispiel in den Vereinigten Staaten existieren, wo die menschliche Arbeit weniger von der Produktivität abhängig ist als vom Spiel der Interessen auf dem Arbeitsmarkt, was zusammen mit dem Bruch der politischen Aktionseinheit alle denkbaren Manöver ermöglicht, die zersplittertsten und wildesten gerade auf der Ebene des Überlebens der alten politischen Staaten. Das Ende der Demokratie in Chile wurde durch den C.I.A. vorgesehen und orchestriert und die Aktion wurde dann von den Gewerkschaften der Transporteure, der Telephonanstalten etc. in den Verkehrssystemen durchgeführt. Aber was soll man von der Situation des Bankrotts der alten städtischen Festungen halten, von New

York oder Montreal? Das Spiel der Gewerkschaften, das durch jenes der kriminellen Vereinigungen abgelöst wird, tendiert dahin, die Verwaltung und die Dienstleistungen des alten bürgerlichen Unternehmers völlständig zu ersetzen; Ordnung herrscht in Bronx nur dank der Mafia,die sich ihrerseits internationalisiert, wobei sie nun eine unmittelbare Zusammenarbeit mit der Militärklasse anstrebt, wie ein kürzlicher Skandal gezeigt hat, der die vorhandenen Beziehungen zwischen israelischen Generälen und Mitgliedern des internationalen Gangstertums aufdeckte. Jenseits von einem sich deterritorialisierenden militär-politischen Spiel und ohne sich für irgendeine Form nationaler oder anderer seßhafter Fixierung zu interessieren, sehen die Kleinverdiener des Verbrechens ebenso wie die großen kriminellen Vereinigungen ihr lokales Handwerk stark aufgewertet; die mehr und mehr von ihrem bürgerlichen Partner getrennte Militärklasse verliert die Strasse und die Fernstraße, jene altmodischen Vektoren, an die kleinen und mittleren Unternehmen der Protektionserpressung. Die Gewerkschaften der Stadtangestellten tendieren in New York dahin, die produktive Tätigkeit ihrer Mitglieder durch eine einfache Verwaltung der Krise zu ersetzen, indem sie zu Verwaltungsbeamten und Bankiers werden. In Italien vervielfachen sich Mordanschläge, Entführungen, Verbrechen und Vergehen, die Finanzinteressen vermischen sich mit den Interessen einer Vielzahl sogenannter revolutionärer Grüppchen, die Justiz befindet sich in einer Krise; man spricht von der Befreiung von Völkern und reißt sich dabei Milliardenbeträge unter den Nagel; die Öffentlichkeit stößt sich an diesem Amalgam, aber diese kriminelle Macht, die aus der Masse emporsteigt, ist in Wirklichkeit nur ein *politisches Bedürfnis*, das auf das Unkontrol-

lierte verfällt, da die alte nationale Ethik - die gesellschaftlichen Ideale - uninteressant geworden ist und nicht mehr zieht.
Man braucht somit die unerwarteten Besuche von politischen Führern wie den Herren Marchais oder Chevènement bei den Arbeitern in ihren Büros und Fabriken nicht als eine Provokation gegenüber der Firmenleitung und der Macht zu interpretieren, sondern eher als uneingestandene Versuche zur Rückgewinnung der Basis durch die Repräsentanten abgewerteter revolutionärer Ideologien.
Während die Kommunistische Partei in Portugal mit ihren opportunistischen Versuchen bei den Militärchefs völlig gescheitert ist, schien sich die französische K.P. einen kurzen Moment lang den mutigen italienischen Lösungen von Berlinguer zu nähern, dessen berühmter "historischer Kompromiß" in Wirklichkeit nur den verzweifelten Sinn einer letzten Vereinigung der traditionellen Parteien angesichts der Drohung ihrer schlichten und einfachen Auflösung hat, welche sie von Innen wie von Außen bedrückt.
Während man in Frankreich versuchte, die Massen in strategisch und gesellschaftlich überholten Überzeugungen zu lassen, verteilte die Armee bereits ihre Leute auf Schlüsselpositionen des zivilen Tätigkeitsbereiches und übernahm Verkehrslenkungsaufgaben der Polizei. Die Arbeit des Militär/Proletariers ist von nun an: die polizeiliche Überwachung von Straßen und Flughäfen, das Einsammeln von Schmutz auf öffentlichen Wegen (wodurch sich Politiker wie der Demokrat Abraham Beame, der "kleine" Bürgermeister von New York, lächerlich gemacht haben) und auch das Fernmeldewesen und die Not- und Rettungsdienste, bestimmte Prestigeopperationen wie der Kampf gegen Seuchen, Kampagnen für die Rettung von archäologischen Stätten oder Krebsforschung,die

Organisation von zahlreichen sportlichen und kulturellen Demonstrationen (wie die Fête aux Tuilleries, die Armee bei einer Kinderausstellung) und wichtige internationale Unternehmungen,wie die Rettung von Kindern in Biafra,chirurgische Hilfsdienste in von Naturkatastrophen verwüsteten Zonen ... und auch, wie in Entebbe, die "Rettung" einer Gruppe von Geiseln. In einer sozial verunsicherten Welt, in häufig als kriminell beschriebenen und bewiesenen Gesellschaften erscheint die Armee als eine schützende Kraft,als eine Rückzugsmöglichkeit gegenüber dem Auftrumpfen subversiver Unternehmungen. Und die Armee fährt darin fort, sich enorm über den Mangel an Information und Analyse bei den"Anti-Militaristen" zu amüsieren, über eine statische Analyse gegenüber ihrer dynamischen Macht.

Die Antwort auf die Ökologie-Feste im Larzac und auf die Tragödie von Malville war die *Operation Demeter* "mit dem Namen der griechischen Gottheit, welche die Erde personifizierte". Warum mußten sie diese Demeter anrufen, sich als Besetzer und Beherrscher des Erdplaneten darstellen und die Felder verwüsten und beschädigen, wenn nicht, weil die Operation Larzac,die unschuldigste auf der Welt, beabsichtigte, sie in ihrer hauptsächlichen Funktion der Eindringung/Macht zu frustrieren? Wieso geschah es, daß die "Freunde der Erde" (Amis de la terre), in diesem Moment den Kontakt mit ihr verloren und ihren Widerstand nicht mehr richtig demonstrieren konnten? Egal warum, die von Jacques Isnard in "Le Monde" am 9. September 1977 gebrauchte Terminologie macht einen nachdenklich: "Zwischen dem Ende der Erntezeit und dem Beginn der Jagd hat das Heer (armée de terre) an der Grenze zwischen Beauce und Perche sein erstes wirkliches Manöver

auf *freiem Gelände* organisiert, das heißt außerhalb der Fernstraßen und Eisenbahnlinien in einem Gebiet von 2000 Quadratkilometern Kultur- und Brachland." In Beauce hat man ein "Schau-Manöver" gemacht, um *die guten Nachbarschaftsbeziehungen zwischen Armee und Zivilbevölkerung* zu unterstützen. Die Bauern, die sich an die von der Armee im Vorjahr während der großen Dürre geleistete Hilfe erinnerten, haben, wie es scheint, die Übung Demeter ohne großes Gemurre hingenommen... Die Göttin Demeter ist mit uns, bestätigt Colonel de Rochegonde, der die zweite Motorbrigade kommandiert. Während ein anderer Colonel bekräftigte: "Wir sind nur die Verwalter der nationalen Sicherheit und um die haben wir uns in erster Linie zu kümmern." "Die Armee hat grosse Vorteile bei diesem Manöver in freiem Gelände, zum Beispiel kann man die offensive Aufklärung durch eine Brigade 50 Kilometer entfernt von ihrer Ausgangsbasis mit Mitteln der Öffentlichkeitsarbeit im Departement Eure-et-Loire durchführen." Die Dromokraten schließt man nicht in Gulags oder Lager ein, auch nicht die des Larzac.
Das "Institut des Hautes Etudes de Défense nationale" (Studieninstitut zur nationalen Verteidigung) hat sechs Monate gebraucht, um mit Spezialisten für Öffentlichkeitsarbeit eine dreijährige Kampagne (für 60 Millionen Francs) auf die Beine zu stellen, welche die Öffentlichkeit für die Bedeutung von Verteidigung und Schutzherrschaft sensibilisieren sollte; alle Informationsmittel wurden herangezogen, um das Image des Markenzeichens der Armee zu verändern ("Le Monde", 9. Mai 1975).

Joel le Theule, ein Deputierter der U.D.R. (Union pour la défense de la République - eine gaullistische Organisation) und Spezialberichterstatter der Finanzkommission, beunruhigt sich in seinem Informationsbericht über "das Militärprogramm für 1977/1982" mit Recht über das "Fehlen von Zahlenangaben zur Verwendung von Krediten", denn diese Unbestimmtheit läßt nicht zu, daß man sich von den Wendungen unserer Verteidigungspolitik eine klare Vorstellung machen kann...Die Armee will ihre Handlungsautonomie zurückgewinnen und sich selbst als einen öffentlichen Dienst neu definieren, der in der Lage ist, für Sicherheit und Ordnung den größten Teil zu tragen: also die Gesamtheit der zivilen und militärischen Verteidigungsaufgaben, wobei sie hier kommunale und industrielle Unternehmungen mit ihren parallelen Initiativen überholt. Man sieht somit, bis zu welchem Maße die Soldatengewerkschaften, die von der Kommunistischen Liga (der IV. Internationale), der P.S.U. oder der C.F.D.T. im Namen lächerlicher Forderungen gepriesen werden, letztenendes an den gesellschaftlichen Plänen der Armee teilnehmen. Es ist übrigens sehr bezeichnend, daß sich die erste Gewerkschafts-Sektion im 19. Pionierkorps bildete, was beweist, daß dieses Korps noch immer die Vorhut des revolutionären militärischen Denkens ist!

Balzac, der sich noch 1830 auf das Schlachtfeld von Wagram begab, *um seine gesellschaftliche Analyse zu erweitern*, stellte sich bereits *die Frage nach dem wirklichen Territorium von Geschichtlichkeit*, jenem strategischen Theater, das dank dem Fortschritt der Medien (zum Beispiel durch den Gebrauch des Telegraphen) plötzlich global geworden war, wodurch die inneren und äußeren Ereignisse nunmehr quasi unmittelbar aufeinander einwirken konnten. Auf diesen durch das Schlachtfeld bedingten Zeitzwang wurde mit der Schaffung einer neuen "Geheimpolizei" reagiert, was er als die bedeutendste soziale Revolution seiner Zeit ansah; nach einer langen Periode offenkundiger und blutiger Unterdrückung, die gegen die Zivilbevölkerung durch eine "Armee des Inneren" der Revolution ausgeübt wurde, hört die militärische Gewalt zu diesem Zeitpunkt auf, notgedrungen wegen ihrer Uniform von weit her sichtbar zu sein, um sich auf Systeme zu verlagern, die auf Überwachung und Denunziation beruhen. Diese ersten Schritte zur Penetration (zum clandestinen "Überfluten" des Gesellschaftskörpers) hatten, wie wir gesehen haben, ein genaues Ziel: nämlich die Ausbeutung der Rohstoffe der Nation (ihrer industriellen, ökonomischen, demographischen, kulturellen, wissenschaftlichen, politischen und moralischen Kapazitäten) durch ihre Streitkräfte, und von da an ist die Penetration der Gesellschaft mit einer ungeheuren Entwicklung von militärischen Durchdringungstechniken verbunden, jeder vehikuläre Fortschritt beseitigt eine Differenz zwischen Armee und Zivilisation.

Der Faschismus, der sich selber in Deutschland als *Ostkolonisation** definierte, das heißt als Herstellung einer kolonialen Situation auf dem europäischen Kontinent (wobei er beabsichtigte, die existierenden sozio-politischen Einheiten zu vernichten), zeigte uns in der Tat jene großen Hin- und Her-Bewegung des dromokratischen Totalitarismus zwischen den Metropolen und den Kolonien, welche - bereits skizziert in den vorher nie dagewesenen logistischen Anstrengungen des ersten Weltkrieges - in den zwanziger Jahren begann, eine sonderbare Einheit der abendländischen Kultur zu realisieren, "jene Einpflanzung kolonialen Handelns in das nationale Leben als

---

* im Original deutsch (A.d.R.)

Lösung für die schweren Probleme, welche die Entwicklung der Menschheit der Welt morgen stellen wird", wie der französische Kolonialminister Albert Sarraut im Jahre 1921 sagte. Um die dromokratische Gesellschaft und ihre Errichtung zu verstehen, ist es zweifellos nützlicher, den "Code Noir" (Regelung der Behandlung der Schwarzen von 1685) des Kolonialvertrages zu lesen als irgendein anderes Werk des soziologischen Ehrgeizes. "Es ist nicht notwendig, daß sich in den Kolonien eine *beständige* Zivilisation bildet...", schrieb Colbert - eine alte Gesetzgebung, die in unseren Kolonien bis 1848 fortbestand und die den Neger zu einem *beweglichen* Gut erklärte - der schwarze Sklave war in erster Linie *ein Gut, das fortbewegt werden kann*, seine legale Existenz war einzig und allein eine Funktion seiner Eigenschaft zur Beweglichkeit und seiner Eignung zum Transport. Die Woge des negro-amerikanischen Jazz nach 1914 und die rasende Gestikulation im ersten amerikanischen Tonfilm, in dem das Gesicht einer weißen Schauspielerin gefärbt wurde und sie sich im Rhythmus des beweglichen Sklaven krümmte, läßt einen über die heute in diesem Land vorherrschende Kultur nachdenken; man erinnert sich an den tiefsinnigen Gedanken von Baldwin: "Morgen werdet ihr alle Neger sein!" Im amerikanischen System gibt es in der Tat von Anfang an kein gemeinsames Maß zwischen dem Wert der zu verbreitenden Botschaft und der zu ihrer Übermittlung notwendigen Arbeit. Mehr als der Inhalt einer Botschaft scheinen in den USA die Mittel zu ihrer Übermittlung Instrumente von höchster Notwendigkeit zu sein; das gilt zunächst in der maritimen Beziehung zu den europäischen Metropolen und zu Afrika als Lieferant von Handarbeitern, und dann für die Errichtung eines gewissen Zentralismus des Staates auf einem riesigen Territorium, das man, um es zu regieren, zuerst durchdringen muß und in dem man dann erst kommunizieren kann. Die Medien sind die privilegierten Werkzeuge der Union, sie allein sind in der Lage, das gesellschaftliche Chaos des Panamerikanismus zu kontrollieren, sie sind die Garanten eines gewissen Zusammenhaltens der Bürger und somit der zivilen Sicherheit selber. Umgekehrt macht die amerikanische Demokratie, wie im antiken Kolonialmodell, keine wirklichen Anstrengungen zur Integration der ethnischen Gruppen und Fraktionen in eine dauerhafte Zivilisation und in eine wirklich gemeinschaftliche gesellschaftliche Lebensform, denn gerade die Absonderung rechtfertigt die Hegemonie des Mediensystems, auf der die Autorität des amerikanischen Staates beruht. Sie besteht aus den Vernunftgründen des alten Rassismus und aus dessen Überleben bei den *braven Bürgern* des freien Amerika; und man kann weiterhin feststellen, daß die großen inneren oder äußeren Umwälzungen in den Vereinigten Staaten direkt mit dromologischen Ereignissen und sogar mit Durchdringungs- und Übertraggungstechniken verbunden waren - von der zurückgehaltenen Radiomeldung über Pearl-Harbour bis zur Abhöraffäre von Watergate oder der Ermordung Kennedys: man kann eine lange Liste aufstellen. "Citizen Kane", das vollkommenste Produkt der bürgerlichen amerikanischen Kultur (die im nachhinein Popkultur getauft wurde), ist weniger William Randolph Hearst, ein Pressemagnat, der Orson Welles als Modell gedient hat, als Howard Hughes, der unsichtbare Bürger. Hearst hat immerhin noch eine Information von sich gegeben, während Hughes sich damit begnügte, unterschiedslos auf alles zu spekulieren, was Informationen verbreitet. Er allein

schon ist die radikalste Kritik der Weltanschauungen von Fuller oder McLuhan. Dieser vollständig desozialisierte und vom Erdboden verschwundene Mann, den bei menschlichem Kontakt die Furcht um seine Gesundheit befiel und den der Atem seiner seltenen Besucher entsetzte, beschäftigte sich dennoch nur mit den Medien - vom Raumschiff bis zum Kino, vom Petroleum bis zum Flughafen, von Spielhallen bis zum Star-System und von der Skizze des Büstenhalters von Jean Russel bis zu der eines Bombenflugzeuges bekommt seine Existenz einen beispielhaften Wert. Hughes war nur an dem interessiert, was in Bewegung war, sein Leben sprang von einem Vektor zum anderen, so wie seit zweihundert Jahren die Macht dieser amerikanischen Nation, die er bewundert, konnte nichts anderes seine Gefühle erregen.
Er starb unter freiem Himmel, im Flugzeug.

Aufgrund der gleichen Einstellung triumphierten die amerikanischen kommerziellen Methoden 1914 in Europa dank der unvorhergesehenen logistischen Dimensionen, die der Konflikt annahm; die Vereinigten Staaten sollten hier einen der ersten Oelkriege gewinnen, da sie den französischen Markt in die Hände der Standard Oil spielten,indem sie unsere Armee in die Enge trieben,die mit vierhundert Tankwagen in den Kampf gezogen war, während die Amerikaner davon mehr als zwanzigtausend besaßen. Wieder einmal war es nicht der Konsumartikel, der den Markt geschaffen hatte, sondern der Vektor seiner Liefermöglichkeit!

Nachdem wieder Frieden eingekehrt war,ist das Zurückweichen der Amerikaner vom europäischen Markt und insbesondere in Frankreich bemerkenswert, wo ihre Firmen sich als ungeeignet zeigten, ihre Produkte nachhaltig einzuführen, da "sie große psychologische Fehler in ihren Öffentlichkeitskampagnen begingen". Im Klartext gesprochen: die europäische Kultur widerstand dem kulturellen Einfluß der Veieinigten Staaten noch siegreich. Darauf konnte man beobachten, wie die totalitären Regierungen versuchten, vergleichbare Vektoren zu installieren, aber da sie zu oft in einer elitären Politik befangen waren und gewohnheitsmäßig eher der Botschaft eine Bedeutung beilegten als ihrem Vehikel, gelangten sie mit Hilfe ihrer ideologischen Propagandisten nur schwer zu der perfekten logistischen Effektivität des amerikanischen patriotischen Rigorismus. Später, nach dem totalen Krieg, das heißt nach der extensiven Zerstörung der Identität der europäischen Nationen (der totale Krieg war wie der Kolonialkrieg ein Vernichtungsunternehmen von beständigen Zivilisationen), wurden die amerikanischen Warenlager in Europa abgesetzt. Wenn wir auch noch nicht jene Flut von Instrumenten und Gegenständen analysiert haben, die von den *liberty-ships* herbeigeschafft wurden, so haben wir darüberhinaus das Interesse, ihre ästhetischen, funktionellen oder anderen Bedeutungen zu diskutieren: die Welt der Riesenautos, die Überfülle von Haushaltsgegenständen in den blitzblanken Küchen, wo man keinerlei Mahlzeiten mehr bereitet, sondern sich mit Sandwiches und Büchsen bescheidet, dieses ganze Spektakel einer "gedankenlosen Objektwelt, die sogar den Begriff des Bewußtseins entwertet", dieser heimliche Parasitenbefall der Gesamtheit der alltäglichen Vektoren der Kunst des Austauschens und der Kommunikation durch technische Codes, die direkt aus den Produktionssystemen entstehen.

Körper- und Seelentechniken finden sich somit merkwürdig verfeinert in der amerikanischen Popkultur wieder. Der seelenlose Körper wird, wie wir gesehen haben, durch technische Prothesen unterstützt, und am Beispiel der USA ist es wichtig, nicht die Etymologie des Wortes "Komfort", des alten französischen "assistance" (Stütze), zu vergessen, das heißt den Bezug auf das alte gesellschaftliche Bestiarium von zur Wanderschaft gezwungenen Körpern, die auf die Fernstraßen entlassen werden. Seitdem die Medien[14] in den 20-iger Jahren sich entfalteten, eröffnete ihre Deneutralisierung den Weg für das, was man einen "Krieg um den Haushaltswarenmarkt" genannt hat; diese massive ideologische Kampagne wandte sich direkt an die zerfallene bürgerliche Familie, welche sie wieder zusammenfügen und gleichzeitig sogar neu erfinden wollte, und zwar als "unbegrenztes Auffangbecken von Konsumgütern", was sehr schnell zu einer wirklichen Domestizierung des amerikanischen Bürgers führte. Eine bezeichnende Tatsache: die Regierung der Vereinigten Staaten hielt es nicht für notwendig, in ihrem eigenen Land ein richtiges Sozialhilfesystem einzurichten. Zu jener Zeit war man tatsächlich überzeugt, daß die Weiterentwicklung der humanitären und patriarchalischen Zivilisation des *Komforts* ein Sozialhilfesystem vollkommen ersetzen müßte, und zwar dank einer *technischen Unterstützung von Körpern*, welche vom Küchenroboter bis zum Unternehmenspsychiater oder zum neuesten Auto reichte. Ähnlich wie heute grassierte in diesem Land eine schwärmerische Begeisterung für die erneuerten bionischen Körper des faschistischen Futurismus, also für Menschenkörper, bei denen bestimmte Organe durch technologische Ersatzteile ersetzt sind, welche diesen neuen Helden der chirurgischen Wissenschaft übermenschliche physische Anstrengungen erlaubten. Aber auf die Politik des Kom-

forts folgte die des *standing*; jeder war plötzlich der Kontrolle seiner Nachbarn und dem Vergleich mit dem Roboter-Portrait des idealen amerikanischen Konsumenten ausgesetzt, dem Modell des Bürgersinns, dessen Gesten, Manien und Verhaltensweisen im Leben von nun an pausenlos durch Radio, Presse, Fernsehen und Kino verbreitet und mit Reklamespots über das ganze Land geschwemmt wurden.Auf politischer Ebene ist dies die McCarthy-Ära mit ihren schwarzen Listen, anti-amerikanischen Hexenjagden und Prozessen gegen Intellektuelle und Künstler, die noch in dem Bericht der Trilateralen Kommission von 1975 wegen ihrer Fähigkeit, demobilisierte und nichtvereinnahmbare Randbereiche zu bilden, als Gefahr für die Demokratie bezeichnet werden.
Die (soziale) Sicherheit nach amerikanischer Art beinhaltet tatsächlich eine kulturelle Unterentwicklung der Bevölkerung. Es ist bemerkenswert, wie die modernen demokratischen Staaten sich rühmen, sich auf *schweigende Mehrheiten* zu stützen; auf seine Weise ist das Schweigen des amerikanischen Volkes genau so drückend geworden, wie das des russischen Volkes; das "standing" ist ein Schritt in Richtung auf die Erfindung des Polizei-Proletariers.

Die Hierarchie der hohen Angriffs- und Durchdringungsgeschwindigkeiten hat wie in einer filmischen Überblendung das Gespenst des Proletariers geschaffen und verschwinden lassen; das ist eben jene Mutation, die mit der so klar durch den Konvent angeordneten gesellschaftliche Neugliederung beginnt, und es ist auch die viel verwirrendere Betrachtungsweise von Marx und Engels, denen es nicht gelang, die mythische

'Arbeiter'figur auszumachen, nicht einmal in der so reichen Schichtung der industriellen Proletarisierung im England des 19. Jahrhunderts. Engels konnte sein *specimen*, seinen Neanderthaler der historischen Entwicklung, nicht entdecken ...[15] erst im Juni 1848 auf den Straßen von Paris formte sich endlich ein Bild, im Schauspiel eines Bürgerkrieges, in dem beide Seiten "so stark (sind) wie die Armeen, die die Völkerschlacht von Leipzig schlugen", und wo dreißig- bis vierzigtausend Arbeiter in den Kampf geworfen wurden. Ebenso wie der revolutionäre Prozeß der Proletarisierung der Arbeit aus dem Massen- und Bewegungskrieg geboren wurde, nahm auch der Mythos des "metaphysischen Arbeiters" (ein biblisches Bild vom ersten Schmerz des von Gott verfemten Menschen, der auf seine Weise Böses tat und tötete, um Gott in seinem Schöpfungswerk zu ersetzen) auf den großen Schlachtfeldern des industriellen Krieges Gestalt an. Teilhard de Chardin zum Beispiel glaubte wie ein Großteil seiner Zeitgenossen, daß der Krieg eines der wichtigsten Fermente des technischen Fortschrittes sei, im Wesentlichen aber war er von der Idee des "unvollendeten Menschen" ergriffen, wie er "während der unvergeßlichen Erfahrung der Front" 1917 notierte; und 1945, am Ende des totalen Krieges, schrieb er: "Der Krieg ist ein *organisches Phänomen der Anthropogenese*, das das Christentum ebensowenig unterdrücken kann wie den Tod." Er fällt in den Ton eines Tacitus, wenn er sich vor jenem Frieden der Nationen fürchtet, welcher die Welt "mit einer Kruste von Banalitäten und einem Schleier der Monotonie" überziehen werde ("La nostalgie du front", 1917). "Wie wenn das Licht auf Erden erlöschen würde." Die *Demobilisierung* bedeutet für ein Mitglied der "Croisière Jaune" (jenes Epos des Automobil-Angriffes der Taxifahrer) eine *Immobilisierung* innerhalb der Anti-Revolutions-Evolution, denn während die langsame Vorbereitung des Krieges Monate und sogar Jahre erfordert, dauert der entscheidende Angriff nur eine Stunde oder gar nur einige Minuten. In dieser revolutionär-evolutionären Betrachtungsweise von Körpern, die in die Kinetik der Geschichte verwickelt sind, gibt es Rückstände aus jener fatalen Homosexualität der antiken Generäle, der aufgeklärten Despoten und Sultane, die unaufhörlich ihre Manöver wiederholen ließen, bei denen "der Anblick dieser Milizen für jene so sehr vergnüglich war,die deren Schläge nicht zu fürchten brauchten[16]"; sie alle waren besessen von dem unbändigen Wunsch nach dem unterworfenen Fleisch des Soldaten/Proletariers, nach jener kraftvollen Masse "mobiler Maschinen..., die blind den Antrieben ihrer Führer gehorchten" (Babeuf); die militärischen Arbeitskräfte sind nicht mehr gezwungen, sich zu verkaufen, sondern müssen sich dem Kriegsunternehmer hingeben: sie bedeuten für diesen, was zunächst die Frau und später das Reitpferd für den Ritter in der Schlacht bedeutet hatte, als es ihm half, voranzustürmen, unter ihm zu sterben oder seinen Tod zu provozieren. Alexander war nichts ohne die Launen seiner Pferdes Bucephalas, Richard III. verlor in Bosworth zugleich mit seinem Pferd sein Leben... und sein Königreich... das kinetische Militär- und später Arbeiter-Proletariat, das durch seine schnelle Selbstvermehrung unendlich ist, trägt seinen historischen Führer durch Zeit und Raum; der Führer reitet und dirigiert es, schreibt ihm seine Bewegungen vor und ist auch Kriegschef...Lenin, Trotzki, Stalin,Mao. Die revolutionäre Gestalt des Arbeiters, die weniger durch das Industriesystem bestimmt wird als durch das Militärsystem,gleicht insgesamt die kinetische Disparität zwischen dem

langsamen und dem schnellen Krieg aus; das "Mit aller Kraft durch den Schmutz" des Nihilisten Netschajev, dem Apostel des systematisch betriebenen terroristischen Krieges, ist keine rhetorische Wendung, sondern ein ernsthafter technischer Vorschlag: die aus der notwendigen Kürze des zerstörerischen Angriffes entstandene Stockung durch einen beschleunigten Rhythmus der Agression beseitigen! Somit wird die geschichtliche Entwicklung buchstäblich durch einen *Explosionsmotor* in Bewegung gehalten!
Der deutsche Faschismus hatte die gleichen Sorgen, bei Heidegger wird daraus die "totale Mobilmachung"*,"das letzte Stadium des Willens zur Macht und die Realisierung des Wesens der Technik: der Nihilismus"; der Soldat/Proletarier wird auch im Nicht-Krieg seine revolutionäre Aufgabe fortsetzen können, nämlich im zur Agression gegen die Natur gewordenen Angriff, in der Pandestruktion der Erde (Bakunin); die großen geopolitischen Baustellen, die die Erde für den Krieg vorbereiten, verschaffen dem metaphysischen Arbeiter eine *sichtbare Gestalt* oder sie geben sie ihm, indem sie ihn erziehen. Dieses begann in der Praxis durch eine Art von humanitärer Hilfe für die deutschen Arbeitslosen und später durch einen freiwilligen Dienst, bei dem ein Heidegger die Intellektuellen zum "Arbeitsdienst,Wehrdienst, Wissensdienst" aufrief - all das wurde zu einer exemplarischen Entwicklung der Geschichte von Lagern, die 1926 die ersten Freiwilligen aufnahmen und in denen Arbeiter, Bauern und Studenten sehr stark vermengt wurden. Das Ganze konnte zu einer Zeit als extrem liberal durchgehen, als überall in der abendländischen Welt ein beängstigendes Bedürfnis nach Arbeitskraft sich

* im Original deutsch (A.d.R.)

bemerkbar machte, eine unstillbare Nachfrage des industriellen Krieges, der heute nach so wenigen Jahren vergessen ist, eine Nachfrage, welche gleichzeitig die Völker zur Arbeit anstellte und ihre Domestizierung durch para-militärische Staatsbürokratien in Europa, jenseits des Atlantik und in Übersee bewirkte (das internationale Arbeitsamt in Genf verwaltete zwischen den beiden Kriegen übrigens die Arbeitskraftprobleme der ganzen Welt); dem amerikanischen "forcing" entsprach in den Kolonien das "smoting"*, die Organisierung von Sträflingsarbeit...während zum Beispiel in Bulgarien seit 1920 der Zivildienst für beide Geschlechter obligatorisch wurde, und zwar unter eieiner allgemeinen Leitung, die mit dem Ministerium für öffentliche Arbeit zusammenhing,wohingegen die zur Armee Eingezogenen hauptsächlich mit Arbeiten beschäftigt wurden, die vom Kriegsministerium angeordnet wurden: strategische Wege,Eisenbahnen,Flughäfen und Fabriken. Das Vorhaben des Faschismus war letztenendes auch nur eine Art von Kompromiß innerhalb jenes Konfliktes, der seit langer Zeit innerhalb des Staates Aristokratie, Militärklasse und Bourgeoisie gegeneinander stellte, welche sich wechselseitig ihr Proletariat streitig machen.

In Deutschland wurde der Arbeitsdienst 1928 obligatorisch; wer sich dem entziehen wollte,wurde zum Gegenstand von Verachtung, sozialer Ausschließung und von Denunziation, so wie in früheren Kriegszeiten der Deserteur oder Drükkeberger. 1934 wurden die als völlig normal angesehenen Arbeitslager zu Haftlagern und inmitten allgemeiner Gleichgültigkeit konnten sie in Konzentrations- und Todeslager umgewandelt werden,sogar ohne daß man von ihren Eingangstoren die ur-

---

* 'smoting' von engl. 'smote' = schlagen

sprüngliche Devise "Arbeit macht frei" entfernte... Der Übergang ist in der Tat ganz natürlich, das Fleisch des Arbeiter/Proletariers unterscheidet sich durch nichts vom Fleische des Militär-Proletariers, wie Clausewitz schrieb: "Die Ausbeutung des Soldaten geht genauso wie die von anderen Minen vor sich."
Die kommunistischen Länder realisierten offensichtlich ihrerseits das Gelübde Teilhard de Chardins in dem Moment, als er es formulierte: die totale Mobilmachung ist weniger die Abschaffung der bürgerlichen Klasse als die Auflösung ihres Produktiv-Proletariats. Der revolutionäre Slogan in China war 1964 "Die Armee zum Vorbild nehmen", und das ganze Volk bemühte sich eine armeeähnliche Uniform zu tragen, trug die doppeldeutige und geschlechtsunspezifische Kleidung des Arbeiter-Soldaten, während der Soldat in Frankreich umgekehrt aufgerufen wurde, sich immer häufiger umzukleiden und selbst während der offiziellen Aufmärsche den Drillichanzug, die Arbeiterkleidung, zu tragen.
Alle Größe liegt im Angriff!, eine befremdliche Übersetzung Platons oder eine Paraphrase des amerikanischen "forcing"?[17] Der Faschismus war nur insoweit totalitär, als er uneingeschränkt dromokratisch sein wollte: der "Lebensraum" beinhaltete ausschließlich eine Auflösung der Geographie eines Europa, das zu einer eigenschaftslosen Wüste, zu einer bloßen Oberfläche geworden ist, welche der Expansivität einer "gesellschaftlichen" Organisation überlassen wurde, die durch die Hierarchie der Geschwindigkeit vollständig funktionalisiert war; es ist dies jene Hierarchie, die auf dem Pflaster Berlins den Nationalsozialismus hervorgebracht hat, bevor er sich mit dem totalen Krieg zu seinen elitären kulturellen Ursprüngen zurückwandte. Von Anfang

an wurde in der Nazi-Propaganda der großartige Körper des Angriffsmenschen,des blonden und nackten Ariers bewußt herausgestellt. Was in der Zelebrierung der olympischen Liturgie im Berliner Stadion in Szene gesetzt wurde, entsprach genau einer Hierarchie von Körpern nach der Ordnung der Penetrationsgeschwindigkeiten; der sportliche Körper ist ein prytaneischer Körper, welcher selber zum Projektil oder Projektor geworden ist; der Reiz des Geschwindigkeits- oder Weitenrekordes liegt im Angriff; selbst das Prinzip der sportlichen Leistung,dieses Zurückrechnen in Zeit und Raum, ist nur eine Theatralisierung des Wettlaufes um "absolute Größe" und des militärischen Sturmangriffs, der mit einem langsamen und geometrischen Aufmarsch beginnt und sich in einer immer stärkeren Beschleunigung des für den höchsten und letzten Elan bestimmten Körper fortsetzt.
Mit dem totalen Krieg bekommt die "totale Mobilmachung" ihre volle Bedeutung; es gibt kein gemeinsames gesellschaftliches Maß mehr zwischen dem triumphierenden Körper des Soldaten/Proletariers (jenes höheren Wesens, das nach einer alten englischen Wendung "das edle Vermögen der Fortbewegung" besitzt,und jenes deutschen Soldaten, der sich mit voller Wucht in die grenzenlosen Weiten der Steppe oder der Wüste stürzt) und dem Körper des Arbeiter/Proletariers, der zu logistischen Anstrengungen herhalten muß.Einer Masse von Dienstuntauglichen,Überwachten,Gefangenen und in Lagern internierten Deportierten, ohnmächtige, fragwürdige Körper...

Für den italienischen Faschisten, der direkt vom Sportrekord in den totalen Krieg überging, war der Rausch des Geschwindigkeitskörpers total, eben darin bestand die "Bomberpoesie" von Mussolini; für Marinetti ist nach d'Annunzio der "Dandy-Krieger" das "einzige Subjekt, das fähig ist, *zu überleben* und im Kampf die Macht vom metallischen Traum des menschlichen Körpers auszukosten"; die Vereinigung mit einem technischen Material ist kaum schwieriger als mit dem Pferd,dem alten metabolischen Vehikel der kriegerischen Eliten: Schnellboote oder "Torpedo"-Boote, die von aristokratischen Froschmännern auf der Suche nach der englischen Flotte durchs Meer geritten werden. Die japanischen Kamikazes vollenden diesen synergetischen Traum der Militärelite im Raum, indem sie sich mitsamt ihrer Vehikel-Waffe freiwillig in einer pyrotechnischen Apotheose auflösen, denn die letzte Metapher des Geschwindigkeits-Körpers ist sein schließliches Aufgehen in den Flammen der Explosion. *Eine Wiedergeburt des Faschismus,* das ist die von Vielen manifestierte Furcht nach der Aufdeckung der von des Nazis gegen die *Menschlichkeit* begangenen Verbrechen. Was immer man sagt, der Faschismus ist niemals gestorben, er brauchte nicht wiedergeboren zu werden, auch nicht für die kleinen kommerziellen und sadistisch-museographischen Histörchen, denn er repräsentierte im dromokratischen Abendland eine der vollständigsten kulturellen, politischen und sozialen Revolutionen, welche die gleiche Bedeutung hat wie die Seereiche oder die Errichtung von Kolonien, und er hat mit Sicherheit weniger von der "Zukunft" zu befürchten als ein Kommunismus, der den Marxismus nur als Namen kennt und für den das Ende der Diktatur des Proletariats zum Beweis seines historischen Bankrotts geworden ist.

Der Faschismus lebt, weil der totale Krieg und später der totale Frieden die Generalstäbe der großen nationalen Korps (die Armeen, die Produktivkräfte) in einen neuen raum-zeitlichen Prozeß eingespannt haben, in ein historisches Universum in einer kantischen Welt, wobei das Problem nicht mehr in einer Geschichtlichkeit innerhalb der (chronologischen) Zeit oder im (geographischen) Raum liegt, sondern in der Frage: in welchem Zeit-Raum?

In einem Aufsatz[18] habe ich die Notwendigkeit, unsere *physische Konzeption von Geschichte* zu überdenken und endlich zuzugeben, was aus ihr wird, betont:

"sie wird, kurz gesagt, zu dem, was aus der Möglichkeit,Kriege führen zu können - dieses kohärente Projekt, das man in Zeit und Raum entfaltet und das man dem Gegner durch Wiederholung aufzwingen kann -, kein Instrument, sondern den Ursprung einer totalitären Sprache der Geschichte macht - sie wird zu einem wechselseitigen Streben der europäischen Staaten und später der ganzen Welt nach dem absoluten Wesen des Krieges (der Geschwindigkeit), der von daher den Sinn einer absoluten Machtergreifung des abendländischen militärischen Geistes über die universelle Geschichte bekommt. Reine Geschichte wäre somit also nur die Übersetzung des einfachen strategischen Voranschreitens auf einem Terrain; ihre Stärke läge darin, vorwärts zu gehen und endlich zu sein - und der Historiker wäre dann nur *ein Kapitän des Krieges um Zeit*."

4. Konsumierte Sicherheit

"Sicherheit ist unteilbar."
M. Poniatowski, 4.März 1976

"Die Revolution schreitet schneller voran als das Volk", erklärte General Costa-Gomes zu Beginn der portugiesischen Ereignisse.
Wie ist so etwas möglich? Einfach deshalb, weil, alles in allem betrachtet, die sogenannten Revolutionen des Abendlandes niemals vom Volk gemacht wurden, sondern von Militärinstitutionen. Der ökonomische Liberalismus ist nur ein liberaler Pluralismus der Ordnung der Durchdringungsgeschwindigkeiten gewesen; dem bedrückenden Modell einer eingeschlossenen Bourgeoisie und dem einheitlichen Schema der plumpen marxistischen Mobilmachung (offenkundig geplante Kontrolle der Bewegung von Gütern, Personen und Gedanken) hat der Westen lange Zeit die Vielfalt seiner logistischen Hierarchie entgegengesetzt: die Utopie eines in Automobile, Reisen, Kinos und Sportveranstaltungen etc. investierten nationalen Reichtums. Ein Kapitalismus des Jet-Sets und der Datenbanken, das Ganze ist eine *gesellschaftliche Illusion*, die in Wirklichkeit der Strategie des kalten Krieges unterworfen ist. Lassen wir uns nicht täuschen, drop-out, beat-generation, Autofahrer, Gastarbeiter, Touristen, Olympiasieger, Reiseleiter etc.! - die militär-industriellen Demokratien haben es verstanden, aus allen sozialen Kategorien gleichermaßen *unbekannte Soldaten der Ordnung der Geschwindigkeit* zu machen, von Geschwindigkeiten, deren Hierarchie, vom Fußgänger bis zur Rakete, vom Metabolischen bis zum Technologischen, der Staat (der Generalstab) jeden Tag im Voraus kontrolliert. In den 60-er Jahren kaufte sich ein Amerikaner, der seinen so-

zialen Erfolg beweisen wollte, nicht das "größte amerikanische Auto", sondern ein viel schnelleres und nicht gedrosseltes "kleines europäisches". Erfolgreich sein bedeutet, über die Macht einer viel höheren Geschwindigkeit zu verfügen und den Eindruck zu haben, der Eintönigkeit der zivilen Dressur zu entgehen. Seit dem totalen Krieg gibt es keine im eigentlichen Sinne auswärtigen oder Kriege im Ausland mehr, wie es der Bürgermeister von Philadelphia während eines heißen Sommers so gut ausdrückte: "Gegenwärtig gehen die Grenzen mitten durch die Städte"; die Fernstrasse, die Straße schlechthin, alles gehört zum einheitlichen Glacis der Grenzwüsten; die Berliner Mauer hat im Sommer 77 ihren letzten Schliff in Form von Minen und audio-visuellen Überwachungssystemen erhalten, eine wahrhaftiges Niemandsland! Nach Belfast ist Beiruth zum Beispiel einer alten kommunalen Stadt geworden, die unter den Schlägen der palästinensischen Migranten zusammengebrochen ist. Man sah hier nicht mehr den alten Belagerungszustand, sondern eine Art von permanentem und sinnlosem Notstandszustand. Um in der Stadt zu überleben, war es notwendig,sich Tag für Tag mit Hilfe des Radios über die strategische Lage im eigenen Stadtviertel zu informieren, jeder verwandelte sein mit Waffen vollgestopftes Auto in ein Angriffsfahrzeug, um sich seine Bewegungsfreiheit zu sichern. Die Gewalt zeigte sich nicht mehr nur in der Uniform,sondern die Kämpfenden hatten ihre Gesichter verschleiert - wie die Täter von bewaffneten Raubüberfällen wollten sie nicht von eventuellen Nachbarn oder Geschäftspartnern wiedererkannt werden... eine Art von Rückkehr also zum Eingeborenenkrieger und zum "freien Krieg", als ob die Rückeroberung einer gewissen technologischen Unterentwickeltheit der Massen auf dem Waffensektor ein neuer Fortschritt in der Desinformation der Staatsbürger ist, parallel zur Desurbanisierung. Als der amerikanische Staat sich weigerte, New York in der Krise zu helfen, so daß Krankenhäuser und Schulen schließen mußten, die Sozialhilfen verringert wurden und die Stadt nicht mehr gereinigt wurde, bedeutete das eine Auflösung der Stadt inmitten ihrer eigenen Vorstädte und eine künftige Volksselbstverwaltung der Bürgerangst... der Volkskrieg hat in großem Masse dazu beigetragen, aus den Überlebensformen auf dem Schlachtfeld eine Existenzweise schlechthin zu machen. Der moderne Staat erneuert die Formel auf seine Weise mit Hilfe seiner neuen logistischen Revolution: als der König von Marokko im Herbst 1975 beschloß, die spanische Sahara zu erobern, schickte er nicht seine Armeen, sondern er entsandte "Friedensmarschierer", eine Masse von Armen, die in den Städten zusammengesammelt und ohne Waffen als Vorhut der marrokanischen Panzer in die Wüste geworfen wurde...als ob es nunmehr sich auf der Erde nur noch um eine Ökologiegeschichte handeln würde, die eher von Zivilisten als von Militärs zu regeln sei. Mit dem Palästinaproblem hatte der Volkskrieg plötzlich eine weltweite Gangart bekommen; die Taktik, in diffuser Form weit verstreute Gebiete zu besetzen, um den mächtigen Zentren der militärischen Repression zu entgehen, kann für sie keinerlei Sinn haben, da der Anlaß für ihren Kampf gerade die Wegnahme eines geographischen Territoriums ist. Sie zögerten daher nicht, sich buchstäblich in den Zeitzonen der Weltflughäfen zu installieren; die neuen unbekannten Kämpfer sind von nirgendwo gekommen und *sie finden kein strategisches Terrain mehr vor, sie kämpfen innerhalb der strategischen Zeit, in der Relativität der Zeit des Transportes.* So wie es keine Fernstraße gibt, die letztenendes nicht strategisch wäre, so gibt es seitdem eigentlich keine Zivilluftfahrt mehr, und es ist natürlich, daß die Überschallflugzeuge - wie die amerikanische S.S.T. oder in jüngerer Vergangenheit die Concorde - Gegenstand von Verboten und starker Polemik waren, denn ihre hohen Leistungen sind militärisch kaum tolerierbar und sie reproduzieren in den Vektoren des nuklearen Status-quo das Phänomen des Automobilangriffes der 20-er Jahre in den Straßen der bürgerlichen Stadt.

Am 4. März 1976 erklärte der französische Inneminister Michel Poniatowski: "Die Sicherheit ist unteilbar!", aber um genauer zu sein,hätte er sagen müssen 'Von nun an ist die Sicherheit unteilbar'. Wie Präsident Giscard d'Estaing drei Monate später in einer Rede an der Ecole Militaire sagte:" Neben den höchsten Mitteln für unsere Sicherheit *brauchen* wir eine Art von Präsenz der Sicherheit, das heißt wir brauchen einen gesellschaftlichen Körper, der kraft dieses Bedürfnisses nach Sicherheit organisiert ist." Wenig später bestätigte Olivier Stirn, der Staatssekretär für die französischen Übersee-Gebiete, im Ministerrat vom 25. August:" Die Evakuation der Einwohner der Insel Basse-Terre, die durch den Ausbruch des Vulkans La Soufrière bedroht war,*hat die Fähigkeit der liberalen Gesellschaft zu improvisierten Maßnahmen bewiesen*."Wie man in der Folge sah, ist der zivile und soziale Schutz bei Affären dieser Art keine Begleitmaßnahme der Katastrophe mehr, sondern er geht ihr voraus und erfindet sie wenn nötig[19].

Diese absichtlich terroristische Manipulation des Sicherheitsbedürfnisses durch die Macht gibt in der Tat eine genaue Antwort auf all die neuen

Fragen, die den Demokratien durch die Entwicklung der Nuklear-Strategie gestellt werden - es ergibt sich ein neuer Isolationismus des Nuklearstaates, der, wie zum Beispiel in den USA, sich anschickt, die politische Strategie auf seinem Territorium völlig zu erneuern. Eine Neuerschaffung der *Union* durch eine neue Einhelligkeit der Bedürfnisse; so wie es als phantasmatische Kreation der Massenmedien bereits mit dem Bedürfnis nach dem Auto, dem Kühlschrank etc. gewesen war, wird es die Erzeugung eines gemeinsamen Unsicherheitsgefühls geben, das normalerweise zu einer neuen Art von Konsum führt, nämlich zum Konsum von Protektion, wobei diese letztere zunehmend den ersten Platz einnehmen und *zur Krönung des ganzen Warensystems werden wird*. Etwas ähnliches drückte Raymond Aron vor kurzem aus, als er die liberale Gesellschaft anklagte, sich zu lange optimistisch gezeigt zu haben! Die unteilbare Förderung des Sicherheitsbedürfnisses erzeugt bereits ein neues Roboterportrait des Staatsbürgers; er bereichert nicht mehr die Nation, indem er konsumiert, sondern er investiert zunächst in Sicherheit, verwaltet aufs Beste seine Protektion und zahlt schließlich, um weniger zu konsumieren. All das ist übrigens weniger widersprüchlich, als es scheint; da die kapitalistische Gesellschaft von Anfang an die Politik und die Befreiung von der Furcht direkt miteinander verbunden hat, sowie die soziale Sicherheit mit Konsum und Komfort, besteht die notwendige Kehrseite der Bewegung, wie wir gesehen haben, in der Fürsorge - und gerade seit dem Bewegungskrieg hat die Invalidität von unfähigen Körpern durch die Forderungen des militärischen Arbeiters eine gesellschaftliche Relevanz bekommen. Wenn der Friedensvertrag von Versailles sich mit der Sozialfürsorge beschäftigt, so deshalb, weil die Umstände der nationalen Verteidigung es erfordern und von den Staaten als Bestandteil einer allgemeinen Verteidigung eine geplante soziale Aktion verlangen. Wie Gilbert Muray bemerkt, wurden die ersten Sozialhilfen nicht unparteiisch gewährt, denn sie kamen insbesondere durch die "Sozialpartei" des Colonel de la Roque auf die Tagesordnung. Weiterhin ist es sinnvoll, sich daran zu erinnern, daß die Förderer der neuen "Sozialversicherung" in Großbritannien (Sir Beveridge zum Beispiel im Jahre 1942) sie zu einem Ziel des totalen Krieges gemacht haben; und auf dem europäischen Kontinent stieß sie auf ähnliche, faschistisch oder pétainistisch* inspirierte Bewegungen, wie zum Beispiel die Nationalfürsorge (Secours national). Es ist übrigens interessant, dabei die Anwerbung bestimmter faschistischer Denunziationsgruppen zu betrachten, deren Mitglieder zuvor mit Überwachungs- und Unterdrückungsaufgaben der Zivilbevölkerung beschäftigt waren, und wie sie später in das neue Personal der Sozialhilfe eingereiht wurden - in etwa so, wie man heute die Erfahrung der ehemaligen gemeinen Häftlinge ausnutzt. Da die Aktivitäten dieser Normalisierungstechniker untrennbar von den Hegemonialabsichten der Staatsverwaltung sind, vervielfachen und verändern sich die Aufgaben des "Sozialarbeiters" je nach Gelegenheit. Hier und jetzt als Vormund, Lehrer, Erzieher usw. bekannt, erfüllt er übrigens auch noch andere Missionen: die "Eingeborenenfragen" verwandeln sich mit der Entkolonisierung in "Sozialfragen"; die portugiesischen Kolonialtruppen gründeten in ihrem eigenen Land

* 'pétainistisch' von Pétain (1856-1951), französischer Marschall, der mit Nazi-Deutschland zusammengearbeitet hat.

ein "Ministerium für Sozialfragen"; was General Pinochet betrifft, der gemeinhin kein Blatt vor den Mund nimmt, so kreierte er in Chile schlichtweg "Zivilangelegenheiten" (les affaires civiles)!

Vor einigen Jahren, in einer vollen ökonomischen Prosperitätsperiode erklärten die französischen Sozialarbeiter: "Wir sind Arbeiter wie alle anderen, da wir Reparateure des gesellschaftlich-produktiven Apparates sind." Nach '68 gaben sie sich weniger zuversichtlich:"Die Sozialarbeiter spüren in verschärfter Form die Ambiguität des Begriffes der Sozialarbeit und sie sind sensibel für die Zweideutigkeiten, die er enthalten kann." In der neuen Ökonomie des Überlebens ist es in der Tat nicht angesagt, an einer (mehr oder weniger oberflächlichen) Überflußgesellschaft teilzunehmen.Berlinguer erklärte im Januar 1977: "Was wir wollen, ist ein Maßhalten, das das System verändert und ein neues Entwicklungsmodell aufbaut." Und *interessanterweise* kam er sofort auf das Transportsystem zu sprechen,"das mit der Reorganisierung der Städte den Mythos vom Individualauto revidiert. *Die zu schaffende Lösung des Transportproblems muß eine radikale Umwandlung der staatlichen Vorgehensweisen* bei der Art und Weise der Eingriffe nach sich ziehen". So findet sich die vehikuläre Macht der mobilen Masse von allen Seiten beschnitten und unterdrückt, von Geschwindigkeits- und Kraftstoffbegrenzungen bis zum schlichten und einfachen Verbot des Individualfahrzeuges; der Mythos des Autos ist zur gleichen Zeit zum Verschwinden verdammt wie der des Arbeiters, des zentralen historischen Agenten des logistischen Staates.
Das von Enrico Berliguer gepriesene Maßhalten hat, wie man weiß, selbst auch im Inneren der P.C.I. peinliche Rückwirkungen gehabt,indem

man vielfache Vergleiche mit der Spartanerherrschaft anstellte. Aber zweifellos wäre es richtiger, wenn man vom Ende des Systems des Lykurg und von der Auflösung in Anomie einer "Gesellschaft" gesprochen hätte, deren Mitglieder seit Jahrhunderten für den "Angriff" dressiert werden und die nicht mehr wissen, was sie mit ihrem Dasein anfangen sollen, wenn ihnen diese Beschäftigung plötzlich genommen wird. Wenn man dem Abendland Auto und Motorrad nimmt, was soll es dann machen, außer sich um die Realisierung der Voraussage von Bloch, dem Mitglied der Sozialistischen Internationale, zu kümmern, der schon 1897 verkündete: "Nachdem der Krieg zu einer Art von Nullspiel geworden ist, in dem keine der Armeen die Möglichkeit hat, einen Vorteil zu erringen, bleiben sie Auge in Auge stehen und sind unfähig, einen entscheidenden Schlag zu führen. Das ist die Zukunft: kein Krieg, sondern Hungersnot, und keine Metzelei, sondern ein Bankrott der Nationen und ein Zusammenbruch des ganzen Gesellschaftssystems." In einem gesellschaftlichen Ganzen, dessen prekäre Ausgeglichenheit durch jeden unvorhergesehenen Eingriff bedroht wird, ist Sicherheit nunmehr mit der Abwesenheit von Bewegung und die geschickte Proletarisierung der Willen mit der Unterdrückung von Gesten zu assimilieren, wofür das Anwachsen der Arbeitslosigkeit das beste und bedeutendste Beispiel ist. Man erneuert die sozialen Hilfswerke, man hebt die Leistungen von geistig und körperlich Behinderten und die Rekorde auf der Behindertenolympiade hervor, und verbreitet die neue Überzeugung, daß die Bewegungsunfähigkeit von Körpern alles in allem gar nicht so schlimm ist. Noch bizarrer ist, daß hinter diesen philanthropischen Initiativen die Armee steckt; lesen wir noch einmal die Erinnerungen des Landpfarrers Abbé Oziol, der aus dem Nichts Zentren für schwachsinnige Kinder schuf, dank derer sie aus den psychiatrischen Anstalten herausgeholt werden sollten: "Manche Besucher sind erstaunt, bei uns zu hören, eines unserer Kinder sei in der 'Armee'. Das bedeutet nicht, daß einer unserer unglücklichen kleinen Schwachsinnigen zur Armee eingezogen wäre, sondern mit diesem Wort bezeichnen wir einfach jenes Haus, das uns von der Militärklasse zur Verfügung gestellt worden ist, welche uns auch später noch so viel Hilfen gegeben hat." Es war General Malbec, eben der Direktor dieser nationalen Militärklasse, der folgende schreckliche Formel über diese Zentren prägte: "Von der Wiege ins Grab!". Die Armee hat niemals etwas anderes getan.

Die Erneuerung der sozialen Hilfswerke beabsichtigt letztenendes eine Funktionalisierung des Behindertseins, wie es bereits 1914 der alte preussische Staat vorgemacht hat. Die finanzielle Hilfe bekommt in dem Moment das Aussehen einer Entlohnung oder eines Gehaltes, wo die Regierung auf erlaubte Belohnungen für jene Bürger besteht, die durch Denunziation sich zu Hilfskräften der Polizei machten. Die unteilbare Sicherheit entdeckt in dem Rentner, der vom ökonomischen System durch die Geringfügigkeit seiner Pension oder seiner Rente ausgeschlossen und verbittert ist,einen letzten Proletarier und eine Art von Wachposten, der inmitten der fieberhaften Hektik des gesellschaftlichen Ganzen immobil ist. Man begegnet neuerdings auf den Straßen jenen Wesen aus einer anderen Welt, jenen betagten Personen, deren Handgelenk mit einem elektronischen Alarmsystem versehen ist, das kaum größer als eine Armbanduhr und mit einer Empfangszentrale verbunden ist. Der Erfinder dieser Art von Sozialaktionen ist Gilbert Cotteau mit seiner "Fondation Delta 7", deren Tätigkeiten vielfältig sind und die zu Beginn auch finanziellen Rückhalt in der Armee (insbesondere bei der Luftwaffe) hatte. Die von ihm Beglückten waren insbesondere durch Bombenangriffe taub gewordene vietnamesische Kinder, die akkustische Apparate erhielten, und Greise, die in Poitiers und in Paris umsonst Telephonapparate erhielten, welche mit Alarmsystemen ausgerüstet waren, die an ein Polizeirevier angeschlossen wurden. Nach dieser Operation kam die Unterstützung von der Nationalen Vereinigung der sozialen Hilfswerke, vom Gesundheitsministerium und auch vom Innenministerium.

Die Plakate, die die große Kampagne für die Sicherheit älterer Personen einleiteten, und die audio-visuelle Materialien,diese ganze giftige Indoktrinierung wurden in den Wohnungen, den Clubs und an zentralen Treffpunkten weit verbreitet, genauso wie sonst die polizeilichen Anordnungen zur Mobilmachung,und alles wurde auf einfache Anfrage umsonst verteilt.
Für andere Gesellschaftsschichten nahm die Manipulation des Sicherheitsbedürfnisses unterschiedliche Formen an: seit der Antike ist das kostbare Metall, die Goldwährung ein "Zufluchts-Wert", ein Mittel gegen die Angst und somit ein Symbol für individuelle Sicherheit; dieser "Versicherungs"-Wert ist bekanntlich in eine Vielzahl von Tauschsystemen übertragen worden. Das aktuelle Wiederaufkommen der Flucht ins Gold als Grundwährung des Geldsystems erinnert stark an die Ereignisse um die Bank von John Law kurz vor der Französischen Revolution,es trägt zur Erschütterung der "gesellschaftlichen Sicherheit" bei und wir finden hier inmitten des nuklearen Status-quo die Gründe wieder, weswegen der Gebrauch kost-

barer Metalle als eine der Konsequenzen des Nicht-Krieges vom spartanischen Staat zurückgewiesen wurde. (Der Staat, der sich darum bemüht, die Wachsamkeit der Bevölkerung auf dem Gebiet der Verteidigung voll einzusetzen, entzieht den Individuen die Mittel, sich anders abzusichern, als sich mit Haut und Haar in der lakedämonischen Kriegsmaschine zu verdingen.)
Der Code der Produktion zielt immer auf das "unendliche Sammelbecken des Konsums", aber dieser wird zum Konsum der integralen Sicherheit; der utopische Gebrauch der Schutzreflexe führt zu einer Modifikation der Ästhetik und der Natur der Produktion; die Unternehmensreform hat einen ganz anderen Sinn als die Macht vorgibt. Das Erscheinen von "auch guten namenlosen Produkten", auf dem Markt, das nahezu unbemerkt vor sich ging, scheint mir ein gewichtiges Ereignis zu sein: die vielgekauften Waren werden unter dem Vorwand der Sparsamkeit präsentiert: in weißer "anonymer" Verpackung, die marktschreierischen Firmennamen sind verschwunden. Ihre Anpreisung geschieht durch eine riesige Anti-Werbe-Kampagne; das sind, sagt man uns,"freie Produkte", das heißt, sie erinnern nicht mehr an die zweifelhaften Methoden des alten reißerischen Marketing. Von da an wird der Kauf eher durch eine Abstossung verursacht als durch eine Anziehung; die Abstoßung organisiert die neue soziale Existenz um die Gegenstände der Protektion herum. Wenn die Firmen von Verbraucherverbänden aufgefordert werden, ihre Werbeanstrengungen zu mässigen, so beabsichtigen andere Produktionskräfte, ihre Werbeanstrengungen auf dem Gebiet der Information zu entwickeln. *Nach dem Krieg um den Haushaltswarenmarkt, der Krieg um den militärischen Markt.* Gegenüber dem Produktions/Konsumtions-System geht es nicht mehr um eine

demokratische Alliance, sondern es handelt sich darum, mit Hilfe des Systems der Gegenstände direkt eine Militärklasse oder genauer gesagt eine technologische und industrielle Entwicklung auf dem Gebiet der Rüstung plebeszitär zu bestätigen - wie Mario Suarez nach seiner Schlappe bei den portugiesischen Wahlen im April 1976 erklärte: "Ich habe es nicht nötig,mit den Politikern zu regieren, ich kann das sehr gut mit Militärs und Fachleuten tun." Die neuen chinesischen Führer sprechen die gleiche Sprache; der "Militärsozialismus" wurde weder in Peru oder im letzten Jahr in Portugal geboren, noch ist er im Berlin der 30-er Jahre oder im vergangenen Jahrhundert mit Bismarck, Napoleon III. und dem "Sozialimperialismus" entstanden, die Eliminierung des Partners der politischen Bourgeoisie ist nichts als die Realisierung eines strategischen Traumes, der einzig auf szientifischer und technologischer Spekulation beruht - militarisierte Nationen,die von nun an auf Armeen (die Kraft des Lebensminimums nach General Gallois) verzichten können.

Für Clausewitz ist der politische Staat bereits: "eine nicht leitende Scheidewand, die das totale Entladen verhindert". In einer derartigen Formel ist die Natur der Absichten der Militärklasse vollständig enthüllt und die atomare Situation angelegt..."Unter ihm (Bonaparte) ist er (der Krieg) *rastlos vorgeschritten*; und fast ebenso rastlos sind die Rückschläge erfolgt. Ist es nicht natürlich und notwendig, daß uns diese Erscheinung auf den *ursprünglichen Begriff des Krieges* mit allen strengen Folgerungen zurückführt?" (Hervorhebungen von P. Virilio).Die dynamische Effizienz ist eine Haupteigenschaft der Staatsmaschine, und der Nuklearstaat, die letzte Etappe des dromologischen Fortschritts, sichert dank seiner strategischen Rechenmaschinen den Zusammenhalt dieses Konzeptes. Angesichts dieser letzten Kriegsmaschine und überprüft durch sie, hält sich der letzte Militär-Proletarier, der nunmehr willenlose Körper des Präsidenten der Republik und Chef einer verschwundenen Armee. Der Körper des Präsidenten ähnelt den Körpern der früher mit Gewalt zum Dienst gepreßten Soldaten, die zwischen zwei Feuer geraten: seine letzte Handlung wird der Angriff sein.

(1) Pierre Nord, "Double crime sur la Ligne Maginot"

(2) August 1977. Die amerikanischen Parlamentarier befürworten die Übernahme von Krediten für Vietnam, aber auch für Kambodscha und Angola, durch die Weltbank.

(3) Sparta rüstet sich in Hinblick auf die Vollendung seiner tour de force aus: "Es ist nicht möglich hierin nur etwas durch eine von selbst vor sich gehende Entwicklung Gewordenes zu erblicken; die zielsichere und methodische Art, wodurch alles dem einen Ziel dienstbar gemacht worden ist, drängt uns darin das Eingreifen einer bewußt ordnenden Hand zu sehen. ... Nach dem Vorhergehenden darf es wohl ausgesprochen werden, daß *die Existenz eines oder mehrer* in demselben Sinne wirkenden Männern, die mit vollem Bewußtsein die primitiven Einrichtungen zu der Agoge und dem Kosmos umgebildet haben, eine Notwendigkeit ist." (M.P. Nilsson, Die Grundlagen des spartanischen Lebens, in: Klio Bd. XII, 1912,S.340)

(4) Sparta mußte für die Halsstarrigkeit, mit der es sich im VIII. Jahrhundert vor Christi für

eine Trennung der Wege eingesetzt hatte, zahlen, indem es sich im VI. Jahrhundert selbst zu Immobilität verurteilte und in dem Moment wie ein Mann die Waffen zog, als die anderen Hellenen sich zu einer der wichtigsten *Vorwärtsbewegungen* der hellenistischen Geschichte *zusammenschlossen*. Vgl. Arnold J. Toynbee, "War and Civilization", Oxford University Press.

(5) Plutarch, "Agis", in: ders., Große Griechen und Römer, Bd. VI, Zürich und Stuttgart, 1965, S. 179

(6) Georges Huppert, "L'idée de l'histoire parfaite", Flammarion 1973

(7) Vor dem historischen Gedicht oder dem mythischen Gesang gab es die Mechanik der Trance und die Beharrlichkeit kurzer religiöser Anrufungen, die eine einheitliche kriegerische Stimmung hervorriefen. "Man ist nicht gleich Krieger, sondern ganz plötzlich glaubt man, daß man es ist, und der Krieg beginnt." (Leiris) Darin besteht auch das Ziel der Formierung von Elite-Einheiten, von politischen Treffen und militärischen Zeremonien...Im Gegensatz dazu hielten die spartanischen Autoritäten ihre Völker davon ab, den Gesang zu kultivieren, "jene Kunst, die - wie Toynbee bemerkt - doch so viele Affinitäten mit der Soldatenkunst hat, ja sogar in dem Ausmaß, daß sie in der modernen abendländischen Welt als beste Vorbereitung für militärische Ausbildung angesehen wird." Ebenso war es den Spartanern verboten, Rekorde in den großen pan-hellenischen Sportwettkämpfen zu erringen - im Großen und Ganzen war jede Anspielung auf kinetische Progressionen aus ihrer Verfassung eliminiert.

(8) Georges Duby,"Guerriers et paysans", Gallimard.
(9) Clausewitz, Vom Kriege,a.a.O.,S. 89 ff
(10) Matamoros - Maurentöter

(11) "Der Mann ist der Passagier der Frau, nicht nur bei seiner Geburt, sondern auch in sexuellen Beziehungen...In freier Wiedergabe eines Satzes von Samuel Butler könnte man sagen, daß das Weibchen das Mittel ist, welches das Männchen gefunden hat, um sich zu reproduzieren, das heißt, um auf die Welt zu *kommen*. In diesem Sinne ist die Frau das erste Transportmittel der Gattung, ihr erstes Fahrzeug. Das zweite wäre das Reittier, die rätselhafte Kopplung ungleicher Körper, die zur gemeinsamen Reise oder Wanderung gepaart werden." Paul Virilio,"Fahren,fahren fahren..." Berlin 1978,S. 74
(12) Siehe insbesondere: archives de Morimond (Haute-Marne), Clairvaux,Bibliothèques de Besançon et de Carpentras. "L'ordre de Calatrava" von Francis Gutton, bei Lethielleux (Verlagsbuchhandlung),1955,etc.
(13) Man stößt hier vielleicht wieder auf einen der Hauptgründe der spartanischen Opposition gegen jede Form von Mobilität als Bewahrung des lykurgischen Systemes.
(14) D. Crivelli, "La fin de la crise", Editions Bossard, 1932. Proto-Pop-Kultur und europäische Kultur.
(15) "Mußte ich mir deshalb vorstellen,daß diese absolut notwendige geschichtliche Evolution unter determinierten Bedingungen ein Zurückweichen des Fortschrittes bringen würde und Menschen unterhalb der Wilden erzeugte..." Engels, Die Neue Rheinische Zeitung

(16) Brief des Botschafters Ghislain de Busbecq an Charles Quint.

(17) "Jedes große Unternehmen ist ein Wagnis", eine Formel, die Heidegger am Vorabend des totalen Krieges durch eine scheinbar weniger irreführende Übersetzung ersetzte: "Alle Größe liegt im Angriff".

(18) Paul Virilio, "La guerre pure", in: Critique, Oktober 1975.

(19) Am 20. November mußte der Minister ebenso fröhlich verkünden: "La Soufrière c'est fini!" Den Pressemeldungen zufolge hat dieder "nicht stattgefundene Ausbruch" bis zur Oktobermitte bereits mindestens zweihundert Millionen Francs gekostet, wobei es sich noch nicht um eine endgültige Abrechnung handelte ("France-Soir").

IV. Der Beschleunigungszustand
Der Ausnahmestaat*

"Schnelligkeit ist das Wichtigste im Krieg."

Sun Tse

Die Schrumpfung der Entfernungen ist zu einer strategischen Realität mit unkalkulierbaren ökonomischen und politischen Konsequenzen geworden, da sie mit einer Negation des Raumes zusammenhängt.
Das Manöver, das früher darin bestand, *Terrain aufzugeben, um Zeit zu gewinnen*, hat jeden Sinn verloren;gegenwärtig ist Zeitgewinn ausschließlich eine Angelegenheit von Vektoren und das Territorium hat seine Bedeutung zugunsten des Projektils verloren.*Der strategische Wert des Nicht-Ortes der Geschwindigkeit hat tatsächlich den des Ortes endgültig abgelöst* und die Frage des Zeitbesitzes hat die der territorialen Aneignung erneuert. In diesem geographischen Zusammenschub, der jener von Alfred Wegener[1] beschriebenen Erdbewegung ähnelt,bekommt das Binom "Feuer-Bewegung" eine neue Bedeutung: das distinguo zwischen der *Destruktionsmacht* des Feuers und der *Penetrationsmacht* der Bewegung,des Vehikels, verliert tendenziell seine "Gültigkeit". Mit dem Überschall-Vektor (Flugzeug, Rakete usw.) vermischen sich Destruktion und Penetration; der Unmittelbarkeit der Aktion über grosse Distanzen korrespondiert die Niederlage des überraschten Gegners, aber auch die Niederlage der Welt als Boden, Entfernung und Materie.

Die unmittelbare oder unmittelbar bevorstehende Durchdringung verschmilzt mit einer plötzlichen

* frz. l'état d'urgence

Zerstörung der Umweltbedingungen, da es nach der *Raum/Entfernung* die *Zeit/Entfernung* ist, die bei der wachsenden Beschleunigung der vehikulären Leistungen (Genauigkeit, Reichweite, Geschwindigkeit) abnimmt.
Das Binom *Feuer-Bewegung* besteht von da an nur weiter, um die doppelte Bewegung von Implosion und Explosion zu bezeichnen; die *Macht der Implosion* erneuert die alte Durchdringungsmacht von Unterschallvehikeln (Transportmittel, Geschosse...) und die *Macht der Explosion* die Destruktionsmacht von klassischen Molekularsprengstoffen. Mit dieser *zugleich implosiven und explosiven* paradoxen Ausrichtung verbindet die neue Kriegsmaschine ein doppeltes Verschwinden: *das Verschwinden von Materie in der nuklearen Desintegration und das Verschwinden von Orten in der vehikulären Vertilgung*. Dennoch muß man noch hinzufügen, die Desintegration von Materie wird in dem Abschreckungsgleichgewicht der friedlichen Koexistenz immer wieder hinausgeschoben, wohingegen es mit der Vertilgung von Entfernungen nicht so ist. In weniger als einem halben Jahrhundert sind die geographischen Räume unaufhörlich unter dem Einfluß der Schnelligkeit zusammengeschrumpft, und wenn zu Beginn der 40-er Jahre die Geschwindigkeit der maritimen "force de frappe", also der größten Zerstörungskraft zu jener Zeit, noch in *Knoten* gezählt wurde, so wurde diese Schnelligkeit zu Beginn der 60-er Jahre in "Mach" gemessen, das heißt in Tausenden von Stundenkilometern, und es ist wahrscheinlich, daß die gegenwärtigen Forschungen in der Hochenergie-Physik es erlauben werden, mit der Laserwaffe beinahe die Lichtgeschwindigkeit zu erreichen.
Wenn, wie Lenin dachte, "die Strategie eine Auswahl von Punkten zur Anwendung von Kräften ist",

so sind wir gezwungen anzuerkennen, daß diese "Punkte" heute keine *geostrategischen Stützpunkte* mehr sind, da man ausgehend *von einem beliebigen Punkt* jeden anderen, wo immer er sei, in Rekordzeit und mit einer Genauigkeit von wenigen Metern erreichen kann. Wir müssen zur Kenntnis nehmen, daß die geographische Lokalisierung endgültig ihren strategischen Wert verloren zu haben scheint und daß umgekehrt eben dieser Wert *der Nicht-Lokalisierbarkeit des Vektors* zukommt, eines Vektors, der permanent in Bewegung ist und dem es völlig egal ist, ob er in der Luft, im Raum, unter der Meeresoberfläche oder unter der Erde sich befindet; was allein zählt, ist die Geschwindigkeit des bewegten Körpers und die Nichtwahrnehmbarkeit seiner Bahn.

Vom Bewegungskrieg mit mechanischen Kräften gelangt man zu einer *Strategie brownscher Bewegungen*, einer Art von chronologischem Krieg in Pendelbewegungen, der den alten geographischen Volkskrieg durch eine geostrategische Homogenisierung des Erdballes erneuert, die übrigens schon zu Ende des 19. Jahrhunderts angekündigt worden war, insbesondere durch den Engländer Mackinder mit seiner "Welt-Insel"-Theorie, der zufolge Europa,Asien und Afrika auf Kosten Amerikas einen einzigen Kontinent bildeten - eine Theorie, die sich gegenwärtig durch das Unwichtigwerden von Lokalisierungen zu erfüllen scheint. Aber man muß festhalten,daß die Bedeutungslosigkeit geostrategischer Positionen nicht mehr der einzige Effekt der vektoriellen Leistung ist, denn nach der vom Imperialismus in der Luft und zur See gesuchten und endlich erreichten Homogenisierung steht von jetzt an eine raumstrategische Verkleinerung der Erdoberfläche auf der Tagesordnung.

Im Jahre 1955 erklärte General Chassin: "Die Tatsache, daß die Erde rund ist, ist aus militärischer Sicht noch nicht ausreichend studiert worden." Seit diesem Datum ist das geschehen... aber auf dem Gebiete des ballistischen Fortschrittes der Waffen hat die Erdkrümmung nicht aufgehört sich zu resorbieren; nicht nur die Kontinente werden nun zusammengeschoben, sondern das ganze Planetarium, das sich dem Rhythmus der Fortschritte des Rüstungs-"Wettlaufes" anpaßt. Die Kontinentverschiebung, die man eigenartigerweise in der gleichen Epoche bei dem Geophysiker Wegener als Krustendrehung, Verschiebung von Teilen der Erdkruste,und bei Mackinder als geopolitisches Amalgam der Erden wiederfindet, hat dem tellurischen und technischen Phänomen der Weltschrumpfung Raum gegeben, das uns heute zwingt, ein künstliches topologisches Universum zu durchdringen: *alle Oberflächen der Erde stehen sich von Angesicht zu Angesicht gegenüber*.
Das antike Duell von Stadtstaaten, der Krieg zwischen Nationen oder der permanente Konflikt zwischen Seereichen und kontinentalen Mächten, all das ist mit einem Schlag verschwunden, um einer neuen Art von Gegenüberstellung Platz zu machen: nämlich *das in-Kontakt-kommen von allen möglichen Gegenden, sowie der ganzen Materie;* die Masse des Erdplaneten ist nur noch eine "kritische Masse", die aus der extremen Reduzierung der Verbindungszeit zweier entfernter Punkte resultiert, eine furchtbare Reibung von Orten und Elementen, die früher noch durch den Dämpfer der mit einem Mal anachronistisch gewordenen Entfernungen unterschieden und getrennt voneinander waren. In einem 1915 veröffentlichten Werk, "Die Entstehung der Kontinente und Ozeane", schrieb Alfred Wegener, "die Erde kann zu einer

Zeit nur *ein* Antlitz gehabt haben " - was wahrscheinlich zu sein scheint, wenn man den Möglichkeiten internationaler Zusammenschaltung Rechnung trägt, ist, daß die Erde in Zukunft nur noch eine einzige zusammengeschaltete Oberfläche haben wird...

Wenn die Geschwindigkeit somit wesentlich als Rückwirkung der Darstellungsweise von Konflikten und Aufständen erscheint,so ist der gegenwärtige "Rüstungswettlauf" in Wirklichkeit nichts anderes als "Aufrüstung der Rennbahn" zum Ende der Welt als Spielraum, das heißt als Aktionsfeld.

Der Begriff der Abschreckung bezeichnet die Ambiguität dieser Situation, in der die Waffe den Schutz des Schildpanzers ersetzt und in der schon allein die Möglichkeiten von Provokation und Offensive eine Verteidigung sicherstellen,und zwar einer vollen Verteidigung gegen die "explosive" Dimension der strategischen Waffen, keineswegs aber gegen die "implosiven" Dimensionen der Leistungen von Vektoren, so daß im Gegenteil die Erhaltung der Glaubwürdigkeit einer "force de frappe" eine unaufhörliche Perfektionierung der Großtaten von Maschinen erfordert, anders gesagt, eine unaufhörliche Perfektionierung ihrer Fähigkeit, den geographischen Raum auf nichts oder nahezu nichts zu reduzieren.

Ohne die Gewalt der Geschwindigkeit wäre die der Waffen nicht so schrecklich; *abrüsten bedeutet heute verlangsamen*, und den Wettlauf zum Ende entwaffnen. *Jeder Vertrag, der nicht die Geschwindigkeit dieses Wettlaufes begrenzte* (die Geschwindigkeit der Träger von Destruktionsmitteln), *beschränkte von vornherein nicht die strategische Rüstung*, denn heute besteht das Wesen der Strategie darin, den Nicht-Ort einer allgemeinen Nichtortbarkeit der Mittel zu erhalten,was es allein noch erlaubt, um Bruchteile von Sekunden zu kämpfen, ohne die es keinen Handlungsspielraum gibt. Wie General Fuller schrieb: "Als die Kämpfenden sich mit Speeren bewarfen, erlaubte es die Anfangsgeschwindigkeit dieser Waffe, sie auf ihrer Flugbahn auszumachen und ihre Wirkungen mit Hilfe eines Schildes zu parieren, aber seitdem der Speer durch die Kugel ersetzt wurde, war die Geschwindigkeit so groß, daß eine Abwehr unmöglich wurde"... unmöglich zum Ausweichen mit dem Körper, aber möglich durch einen Rückzug außerhalb der Reichweite der Waffe, und möglich auch über das Schild hinaus in Erdbunkern, das heißt möglich durch den Raum oder die Materie. Gegenwärtig erlaubt die Reduzierung der Alarmzeit, die aus den Überschallgeschwindigkeiten der Angriffsmittel resultiert,so wenig Aufschub zur Wahrnehmung und Identifizierung, und somit zum Gegenschlag, daß im Falle eines überraschenden Angriffes die höchste Autorität das Risiko auf sich genommen hat, auf die höchste Entscheidungsfähigkeit zu verzichten und die niedrigste Stufe des Verteidigungssystems zu autorisieren, unmittelbar den Abschuß von Anti-Raketen-Raketen auszulösen. Die beiden politischen Großmächte haben es vorgezogen sich zu verständigen, um darauf zu verzichten - wobei sie zugleich auf eine Anti-Raketen-Verteidigung verzichten.

Wenn sie schon keinen Raum hat, so erfordert die aktive Verteidigung zumindest eine materiale Interventionszeit. Denn eben dieses ist bei der Steigerung der Leistungen der Träger von Destruktionsmitteln verschwunden und es bleibt nur eine passive Verteidigung übrig, welche weniger darin besteht, seine Kräfte gegen die nukleare Megatonnengewalt abzusichern, als sie in einer Folge von andauernden, unvorhersehbaren,abwegigen und somit strategisch wirksamen Bewegungen zu mobilisieren... wie man hofft für einige Zeit noch. Der Krieg beruht heute tatsächlich vollständig auf dieser Verunsicherung von Zeit und Orten; das ist der Grund, weshalb das *technische* Manöver, das in einer Weiterentwicklung von Vektoren besteht, indem man ständig seine Leistung verbessert, vollständig das *taktische* Manöver auf dem Terrain abgelöst hat, wie wir oben gesehen haben. General Ailleret präzisiert das in seiner "Histoire de l'armement", indem er erklärt: *Die Definition von Rüstungsprogrammen ist zu einem wesentlichen Element der Strategie geworden.* Wenn man beim alten konventionellen Krieg am Beispiel der Armeen noch von Geländemanövern sprechen konnte, so gilt im gegenwärtigen Stadium, wenn dieses Manöver weiterexistiert, braucht es kein "Gelände" mehr, das Eindringen in den Augenblick folgt auf die Invasion des Territoriums, der Gegenschlag wird zum Ort des Zusammenstoßes, zu einer letzten Grenze.

Die antagonistischen Blöcke können die Perspektive von bakteriologischen, geodätischen oder meteorologischen Kriegen sehr leicht abtun. Denn was heute in Genf bei den Übereinkünften zur Begrenzung der strategischen Rüstung (SALT 1) zur Frage steht, ist nicht der Sprengstoff, sondern der Vektor, der Vektor zur Übermittlung der nuklearen Sprengsätze oder, noch genauer gesagt, seiner Leistungsfähigkeit. Der Grund dafür ist einfach: dort wo die Explosionen der (molekularen oder nuklearen) Explosionsstoffe dazu beitrugen, den Lebensraum zu vernichten, sind es plötzlich die Entladungen des Implosionsstoffes (vektorielle Vehikel), welche den Handlungszeitraum und politisch den Entscheidungszeitraum auf nichts reduzieren. Wenn es dreißig Jah-

re dauerte, bis der Nuklearsprengstoff den Zyklus der *Kriege um Raum* beendete, so wird zum Ende dieses Jahrhunderts der Implosivstoff (jenseits von politisch oder ökonomisch besetzten Territorien) den *Krieg um Zeit* herbeiführen. Inmitten friedlicher Koexistenz, ohne die Erklärung von Feindseligkeiten und viel sicherer als jede andere Art von Auseinandersetzung, wird die Geschwindigkeit uns von dieser Welt erlösen.
Wir müssen uns heute klar machen: die Geschwindigkeit ist Krieg, ein letzter Krieg.

Aber versetzen wir uns fünfzehn Jahre zurück, ins Jahr 1962, dem Höhepunkt der Kuba-Affäre. Zu dieser Zeit betrug die Kriegsvorwarnzeit für die beiden Supermächte noch 15 Minuten. Die Stationierung russischer Raketen auf der Insel von Castro drohte diese Frist für die Amerikaner auf 30 Sekunden zu verkürzen, was für Präsident Kennedy unakzeptabel war, wie groß auch immer das Risiko seiner kategorischen Ablehnung sein mochte. Wir kennen die Folgen: die Einrichtung der *Direktleitung* des roten Telephons und eine unmittelbare Durchschaltung der Staatschefs!
Zehn Jahre später, 1972, als die normale Alarmzeit nicht mehr als wenige Minuten betrug, 10 für ballistische Geschosse und nur 2 für Satellitenwaffen, unterzeichneten Nixon und Breschnjew in Moskau ein erstes Übereinkommen zur Begrenzung der strategischen Rüstung. Dieses Übereinkommen zielte weniger auf eine zahlenmäßige Begrenzung der Waffen, wie die Gegner angaben, als auf eine Bewahrung der im eigentlichen Sinne "menschlichen" Macht, da durch die andauernden Fortschritte auf dem Gebiet der Geschwindigkeit riskiert wird, daß die Vorwarnzeit für den Nuklearkrieg eines Tages *unterhalb der schick-*

salhaften Minute liegen könnte und dieses Mal die vollständige Reflexions- und Entscheidungsmacht des Staatschefs zugunsten einer schlichten *Automatik* der Verteidigungssysteme abgeschafft werden könnte: die Entscheidung über die Aufnahme von Feindseligkeiten läge dann bei einigen strategischen Computerprogrammen. *Nachdem die Kriegsmaschine dank ihrer Destruktionskapazitäten* mit dem nuklearen Unterseeboot (Wurfmaschinen, die allein 500 Städte zerstören können) *zum Äquivalent des totalen Krieges geworden ist,* wird sie plötzlich dank der Reflexe eines strategischen Rechenzentrums zur Entscheidung über den Krieg selber. Was bleibt somit von den "politischen" Gründen, von der Abschreckung übrig? Erinnern wir uns, daß 1962 unter den Motiven, die General de Gaulle bewogen hatten, die Bevölkerung bei der Entscheidung mitbestimmen zu lassen, ob der Präsident der Republik durch allgemeine Wahlen gewählt werden soll, er die Glaubwürdigkeit der Abschreckung auf seiner Seite hatte, wobei die Legitimität dieses Referendums ein grundlegendes Element eben dieser Abschreckung war. Was bleibt hiervon bei der Automatik der Abschreckung und bei der Automatisierung der Entscheidung übrig?

Vom Belagerungszustand der Kriege um Raum *bis zum Ausnahmezustand* des Krieges um Zeit brauchte man nur wenige Jahrzehnte zu warten, während derer die politische Ära des Staatsmannes zugunsten einer apolitischen verschwand, der des Staatsapparates. Vor der vollständigen Erscheinung eines solchen Regimes ist es angezeigt, sich über das zu verständigen, was mehr als nur ein vergängliches Phänomen ist. Am Ende dieses Jahrhunderts *endet die Zeit der endlichen Welt* und wir erleben die ersten Vorzeichen einer paradoxen *Verringerung der menschlichen Tätigkeit*,

was andere vorzugsweise *Automation* nennen. Andrew Stratton schrieb:
"Man glaubt allgemein, daß die Automatisierung die Möglichkeit menschlichen Irrtums verringert; in Wirklichkeit überträgt sie diese Möglichkeit aus dem Stadium des Handelns in das Stadium der Planung. Wir gelangen heute zu dem Punkt, an dem die Möglichkeiten eines Unfalls während der kritischen Landung eines Flugzeuges, das automatisch gesteuert wird, geringer sind, als wenn ein Pilot steuert. Man kann sich fragen, ob man jemals zu einer automatischen Kontrolle der Nuklearwaffen gelangen wird, bei der die Marge des Irrtums geringer wäre als bei der menschlichen Entscheidung, aber die möglichen Fortschritte drohen die menschliche Entscheidungszeit zur Intervention in das System auf ein geringes oder auf nichts zu reduzieren."
Das ist einleuchtend. Das Zusammenschrumpfen der Zeit und das Verschwinden des territorialen Raumes nach dem der befestigten Stadt und der individuellen Waffenrüstung führt dahin, daß die Begriffe Vorne und Hinten letztenendes in einer Kriegsform, für die die "Gegenwart" in der Unmittelbarkeit der Entscheidung tendenziell verschwindet, nicht mehr bedeuten als Zukunft und Vergangenheit.
Die letzte Macht wäre also weniger die der Phantasie als diejenige der Vorausplanung bis zu dem Punkt, wo Regieren *nur noch* Voraussehen, Simulieren und Speicherung der Simulationen ist, bis zu dem Punkt, wo das gegenwärtige "Forschungsinstitut" als ein Modell dieser letzten Macht, als ein Modell von Utopie erscheinen könnte. Der Verlust des materiellen Raumes führt dazu, daß nur noch die Zeit regiert wird; das *Ministerium der Zeit*, das in jedem Vektor skizziert ist, wird schließlich in der Dimension des größten je dage-

wesenen Vehikels den *Vektor-Staat* vollenden; und die ganze geographische Geschichte der Aufteilung von Ländern und Landstrichen macht einer einzigen *Flurbereinigung der Zeit* Platz, wobei die Macht nur mehr mit einer "Meteorologie" zu vergleichen wäre, eine prekäre Fiktion, in der die Geschwindigkeit plötzlich zu einem Schicksal und zu einer Art von Fortschritt geworden wäre, das heißt zu einer "Zivilisation", in der jede Geschwindigkeit beinahe so etwas wie eine "Unterabteilung" der Zeit wäre.

Wie Mackinder schrieb: Die Stoßkräfte wirken immer in der gleichen Richtung. Und diese einzige Richtung der Geopolitik führt zu einer unmittelbaren *Verschaltung* der Dinge und der Orte. Der Krieg ist keine "Baustelle des Feuers", wie Marschall Foch annahm, indem er sich über die Zukunft chemischer Explosionsstoffe täuschte, sondern der Krieg ist schon seit jeher eine Baustelle der Bewegung, eine Geschwindigkeits-Fabrik. Der *technologische Durchbruch*, die letzte Form des Bewegungskrieges (danach kommt der Zeitkrieg), führt mit Hilfe der Abschreckung zur Auflösung all dessen, was *trennte*, aber auch *differenzierte*, und diese Nicht-Differenz ist für uns mit einer politischen Erblindung gleichzusetzen. Dieses läßt sich belegen anhand einer Anordnung von General de Gaulle vom 7. Januar 1959, in der die Unterscheidung von Kriegszeit und Friedenszeit aufgehoben wird. Übrigens hat sich zur gleichen Zeit der Krieg, trotz der vietnamesischen Ausnahme, welche die Regel bestätigt, von mehreren Jahren auf wenige Tage oder sogar Stunden verkürzt; mit den sechziger Jahren begann eine Wandlung: nämlich der *Übergang von einer Zeit des Krieges* zu einem *Krieg um Zeit im Frieden*, zu diesem *totalen Frieden*, den andere immer noch "friedliche Koexistenz" nennen. Der Wahn-

sinn der Geschwindigkeit von Trägerwaffen bedeutet keine Befreiung von geo-politischer Knechtschaft, sondern eine Vernichtung des Raumes als Feld der Freiheit politischen Handelns.Es reicht schon, wenn wir an die Kontrollen und notwendigen Zwänge der Eisenbahn-, Luft- und Auto-Verkehrswege denken, um die traurigen Folgen zu bemerken: je mehr die Geschwindigkeit wächst,um so mehr verkümmert die Freiheit; die Automobilität des Apparates bewirkt letztenendes ein Selbstgenügen der Automation. Was durch das Beispiel des Rennwagenfahrers demonstriert wird, der nur noch ein banger Ausguck auf die katastrophalen Möglichkeiten seiner Bewegung ist, reproduziert sich auf politischer Ebene, sobald die Umstände ein Handeln in realer Zeit erfordern[2].
Betrachten wir zum Beispiel eine Krisensituation: "Zu Beginn des Sechs-Tage-Krieges von 1967 führte Präsident Johnson den Oberbefehl im Weissen Haus, indem er mit der einen Hand die Sechste Flotte führte und die andere am roten Telephon hatte. Die Notwendigkeit einer Verbindung zwischen beiden war klar, als ein israelischer Angriff auf das amerikanische Aufklärungsschiff 'Liberty' eine Intervention von Flugzeugträgerverbänden der Flotte provozierte. Moskau verfolgte jeden Schatten auf den Radarschirmen ebenso aufmerksam wie Washington: würden die Russen den Kurswechsel der Flugzeuge und ihre Konzentration als Aggressionsakt interpretieren? Eben da kam das rote Telephon zum Einsatz: Washington erklärte unmittelbar die Gründe dieser Operation und Moskau war beruhigt." (Harvey Weelher)

In diesem Beispiel von politisch-strategischem Handeln in realer Zeit ist der Staatschef tatsächlich ein "Großer Steuermann", aber der wunderbare Charakter des historischen Volksführers macht dem des viel prosaischeren und insgesamt völlig banalen "Testpiloten" Platz, welcher versucht, seine Maschine mit einem Rest von eingeschränkter Freiheit zu manövrieren. Seit diesem "Krisenzustand" sind zehn Jahre vergangen und der Rüstungswettlauf hat die Verkleinerung der Marge von politischer Sicherheit noch verstärkt;wir nähern uns jener kritischen Schwelle, an der die Möglichkeiten von eigentlich menschlichem politischen Handeln in einem "Ausnahmezustand" verschwinden, in dem die Telephonverbindungen der Staatsmänner durch eine vorstellbare Zusammenschaltung von Computer-Systemen ersetzt werden, diesen modernen Maschinen zur Kalkulation von Strategie und folglich auch Politik.(Erinnern wir uns, daß die erste Aufgabe von Computern darin bestanden hatte, jene komplexen und simultanen Gleichungen zu lösen, die dazu dienten,die Flugbahnen von Luftabwehrgeschossen und von Flugzeugen zur Deckung zu bringen.)

Somit ergibt sich also ein schrecklicher Zusammenstoß von Elementen, die aus den "amphibischen Generationen" geboren wurden, das heißt eine extreme Annäherung der gegnerischen Parteien, bei der *die Unmittelbarkeit der Information unmittelbar die Krise erzeugt*; diese Krise besteht in der Hinfälligkeit der Kraft vernünftiger Überlegung, welche eine Folge der Verringerung von wirklichen Handlungen ist, die ihrerseits aus der Verkleinerung des Raumes als Handlungsfeld resultiert.
Eine kaum merkliche Bewegung auf einem Computer-Schirm oder auch die Bewegung eines "Luftpiraten", der auf eine mit Heftpflaster umwickelte Keksdose deutet, kann zu einer früher undenkbaren katastrophischen Verkettung führen. Wir vergessen nur zu gern: neben der Gefahr des

schnellen Wachstums, das neue Möglichkeiten der Aneignung atomaren Sprengstoffes durch Unverantwortliche mit sich bringt, gibt es jenes schnelle Wachsen der Gefahr, die aus Vektoren resultiert, welche diejenigen, die sie besitzen oder sich aneignen, effektiv unverantwortlich machen.

Zu Beginn der vierziger Jahre betrug die Entfernung von Paris zu den Grenzen sechs Tage zu Fuß, drei Stunden mit dem Auto und eine Stunde mit dem Flugzeug... Heute ist die Hauptstadt nur wenige Minuten von jedem beliebigen Punkt entfernt und sie ist somit - egal wo sie sich befindet - wenige Minuten von ihrem Ende entfernt; das gilt in dem Maße, daß die frühere Tendenz, seine Destruktionsmittel so weit wie möglich in die Nähe des gegnerischen Territoriums vorzurükken (wie in der Kuba-Affäre), sich umkehrt: die gegenwärtige Lage besteht in einem geographischen Desengagement, also in einer Bewegung *des Zurückweichens*,die sich nur dem Fortschritt der Vektoren und der Verdopplung ihrer Reichweite verdankt (siehe das amerikanische U-Boot "Trident", dessen neue Raketen eine Reichweite von 8-10000 Kilometern haben, gegenüber den 4-5000 Kilometern der "Poseidon").
So brauchen die verschiedenen (amerikanischen und sowjetischen) strategischen Nuklearkräfte nicht mehr in den Gewässern der Ziel-Kontinente auf- und abkreuzen, von nun an können sie sich in die Grenzen ihrer eigenen Territorialgewässer zurückziehen, wodurch eine weitere Form von geostrategischem Konflikt aufgegeben wird. Nach dem gegenseitigen Verzicht auf den geodätischen Krieg beinhaltet dieses die Möglichkeit, die vorgeschobenen Operationsbasen aufzugeben, was sogar bis zu jenem außergewöhnlichen Verzicht der Amerikaner auf die Hoheitsrechte über den

Panamakanal führte... ein Zeichen der Zeit, der Zeit des Krieges um Zeit.
Aber man muß hinzufügen, daß diese strategische Rückzugsbewegung nichts mit jenem Rückzug konventioneller Armeen zu tun hat, der es ihnen erlauben sollte,"durch ein Aufgeben von Raum Zeit zu gewinnen". Durch das Zurückweichen, das durch die Vergrößerung der Reichweite ballistischer Vektoren ermöglicht wird, *gewinnt man effektiv Zeit, indem man den Raum vorgeschobener (fester oder mobiler) Basen verliert*, aber *diese Zeit ist den eigenen Kräften abgerungen*, also den Leistungen der eigenen Maschinen und nicht dem Feind, da letzterer dieses Desengagement symmetrisch begleitet. *All das geschieht so schnell, daß ihr eigenes Arsenal zum (inneren) Feind für jeden Protagonisten wird, da es zu schnell avanciert*. Vergleichbar dem Zurückweichen des Abschlußpunktes der Feuerwaffe, tendiert die Implosionsbewegung von ballistischen Leistungen dahin, das Feld strategischer Kräfte zu resorbieren. Wenn die Gegner/Partner ihre Trägerwaffen nicht zurückzögen, sobald sie deren Reichweite erweitern, hätte die höhere Geschwindigkeit dieser Mittel die Frist der Einsatzentscheidung bereits auf nichts reduziert. Auch wenn die Partner dieses Spieles das Vorhaben einer Anti-Raketen-Raketen-Verteidigung 1972 in Moskau aufgegeben haben, so verschenken sie fünf Jahre später den Vorteil der Schnelligkeit zugunsten einer nur vorübergehenden größeren Reichweite ihrer Interkontinentalraketen. Beide scheinen die multiplizierende Wirkung der Geschwindigkeit - die sie ansonsten ständig suchen - zu fürchten, also eben jene *Aktivität der Geschwindigkeit*, die für alle Armeen seit der französischen Revolution so wichtig war.
Vor der eigenartigen gegenwärtigen *Regression*

der Übereinkünfte zur Begrenzung der strategischen Rüstung braucht man nur zum Prinzip der Abschreckung selber zurückkehren. Das Werfen der alten Waffen oder das Abschießen der neuen hat niemals wirklich den Tod oder die Zerstörung des Gegners und seiner Mittel bezweckt, sondern ihn abzuschrecken, das heißt *ihn zu zwingen, seine gerade ablaufende Bewegung zu unterbrechen*; ob diese physische Bewegung nun darin besteht, daß der Angegriffene den Angreifer zurückdrängt, oder in einer Invasion besteht, ist völlig unwichtig - "die Fähigkeit zum Kriege besteht in der Fähigkeit zur Bewegung", was ein chinesischer Stratege durch folgende Worte ausdrückte: "Eine Armee ist immer nur stark, solange sie kommen und gehen, sich ausbreiten und sich zurückziehen kann, wie sie will und wann sie will."

Seit einigen Jahren wird die Bewegungsfreiheit nicht mehr durch die Widerstands- und Reaktionsfähigkeit der Gegner beschränkt, sondern durch die Perfektionierung der eingesetzten Vektoren selber; die Abschreckung ist anscheinend plötzlich aus dem Stadium des Feuers, das heißt des Explosivstoffes, in das Stadium der Bewegung von Vektoren übergegangen, so daß eine letzte Stufe atomarer Abschreckung aufkam, welche für die Akteure des weltweiten Strategiespieles noch schwer beherrschbar ist. Auch hier muß man tatsächlich zu den taktischen und strategischen Realitäten der Rüstung zurückkehren, wenn man die aktuelle logistische Lage verstehen will. Wie Sun Tse sagte: "Waffen sind unheilsverkündende Werkzeuge", furchterregend und gefürchtet sind sie zunächst als *Drohung* - und zwar gerade *bevor* sie eingesetzt werden. Ihr "gefährlicher" Charakter läßt sich in drei Komponenten zerlegen:

- die Bedrohung durch ihre Leistungen zum Zeitpunkte ihrer Erfindung und Produktion
- die Drohung ihrer Einsetzung gegen den Feind
- die tödliche Wirkung ihres Einsatzes gegen Personen und die zerstörerische Wirkung auf Güter.

Wenn die beiden letzten Komponenten der Waffe unglücklicherweise bekannt und seit langem erprobt sind, so ist die erste *(logistische) unheilverkündende Komponente der Erfindung ihrer Leistungen* allgemein weniger bekannt und gerade auf dieser Ebene stellt sich jetzt die Frage der Abschreckung: *kann man einen Gegner abschrecken, neue Waffen zu erfinden oder auch ihre Leistungen zu bessern?* Absolut nicht.Wir stehen daher vor folgendem Dilemma:

- Die Einsatzdrohung (zweite Komponente) der Atomwaffe verbietet den Terror ihres wirklichen Gebrauches (dritte Komponente), aber damit diese Drohung besteht und die Strategie der Abschreckung fortsetzt,muß jenes Drohsystem entwickelt werden,das die erste Komponente charakterisiert: *das Unheilverkündende des Aufkommens neuer Leistungen der Trägerwaffen.*

Deutlicher gesagt, bestehen die großen logistischen Manöver in einer ständigen Verfeinerung der Kampfmittel und in einer Ersetzung der geostrategischen Durchdringung durch eine technologische Durchdringung. Wenn die Abschreckungswirkung der alten Waffen darin lag, eine gerade laufende Bewegung zu unterbrechen, so muß man sich klar machen, *daß die neuen Waffen davor abschrecken, den Rüstungswettlauf zu unterbrechen*, und mehr noch, durch ihre (dromologische) technologische Logik erzwingen sie eine vorrangige Entwicklung nicht mehr der *Menge* von Destruktionsmaschinen, da ihre Stärke sich vergrössert hat (man braucht hier nur die Millionen von

Geschossen der beiden Weltkriege mit den wenigen tausend Sprengsätzen der gegenwärtigen Arsenale vergleichen), sondern ihrer globalen *Leistungsfähigkeit*. Nachdem die Destruktionskraft mit der Thermonuklearwaffe die Grenzen des Möglichen erreicht hat, orientieren sich die "logistischen Strategien" der Gegner noch einmal an der Penetrationsmacht und an der Vorsichtigkeit des Einsatzes.
Das Gleichgewicht des Schreckens ist daher nur ein Lockmittel in einem Stadium der Kriegsindustrie, in dem ein konstantes Ungleichgewicht und ein Sich-Hochschaukeln vorherrschen. Während die Kriegsindustrie in der Lage ist, unaufhörlich neue Destruktionsmittel zu erfinden, erweisen wir uns im Gegenteil nicht nur unfähig,das zu zerstören, was wir produziert haben (die "Abfälle" der Rüstungsindustrie sind genau so schwer rückverwertbar wie der Atommüll),sondern auch die Drohung ihrer Erfindung zu vermeiden.

Vom Stadium der Aktion ist der Krieg in das Stadium der Planung übergegangen, was - wie wir gesehen haben - die Automation charakterisiert. Da sie unfähig ist, das Auftauchen neuer Destruktionsmittel zu kontrollieren, bekommt die Abschreckung für uns schließlich die Bedeutung der Installierung einer Serie von Automatismen und reaktionären industriellen und wissenschaftlichen Prozeduren, bei denen jede politische Entscheidungsmöglichkeit fehlt.Indem sie "strategisch werden,das heißt indem sie Angriff und Verteidigung miteinander verbinden,sind es die neuen Waffen, die davor abschrecken, die Bewegung des Rüstungswettlaufes zu unterbrechen; und die "logistische Strategie" ihrer Produktion wird zur Fatalität: die Fatalität der Produktion von Destruktionsmitteln als notwendiger Faktor des Nicht-

Krieges wird zu einem circulus vitiosus, in dem die Fatalität der Produktion die der Destruktion ersetzt. Nicht nur ersetzt die Kriegsmaschinerie den ganzen Krieg, *sie wird zum Hauptfeind der gegnerischen Partner*, da sie sie ihrer Bewegungsfreiheit beraubt[3]. Da sie trotz ihrer Kriegsmaschinen in der ruhmlosen Knechtschaft der Abschreckung befangen bleiben, praktizieren die Protagonisten neuerdings eine Politik des größeren Übels, besser eine "Apolitik des größeren Übels", die fatalerweise dahin führt, daß die Kriegsmaschinerie eines Tages zur Entscheidungsinstanz über den Krieg selber wird, womit sie die Perfektion ihres Sichselbstgenügens auf die Spitze treibt: *eine Automatisierung der Abschreckung.*

Die suggestive Annäherung der Begriffe **Abschreckung** und **Automation** ermöglicht es, die Strukturachse der gegenwärtigen politisch-militärischen Ereignisse besser zu verstehen, wie etwa H. Weelher präzisiert: "Technologisch möglich, ist die Zentralisierung politisch notwendig geworden" - diese Knappheit der Formulierung erinnert an die berühmte Formel von Saint-Just: "Wenn die Völker unterdrückt werden können, werden sie es auch", allerdings mit dem Unterschied, daß diese technologistische Unterdrückung nicht nur die Völker betrifft, sondern auch die "Entscheider". Wenn die Freiheit zum Manöver (jene Fähigkeit zur Bewegung, die sich mit der Fähigkeit zum Kriege verbindet) früher manchmal noch eine Delegierung der Macht bis in die Hierarchie der Untergebenen erforderte, so beobachten wir mit der Reduktion jenes Manöverspielraumes, welche sich der Weiterentwicklung der Destruktionsmittel verdankt, eine extreme Konzentration der Verantwortlichkeit bei dem einsamen Entscheider, zu dem der Staatschef geworden ist. Dieser Schrumpfungsvorgang ist noch lange nicht zuende, er setzt sich ganz unter dem Einfluß des Rüstungswettlaufes und im Gleichtakt mit neuen Vektorkapazitäten solange fort, bis er eines Tages den letzten Menschen enteignen wird. Es ist die gleiche Bewegung, die die Zahl der Sprengsätze beschränkt und die die Entscheidungsmöglichkeit eines Individuums ohne Ratgeber auf nichts oder nahezu nichts reduziert; es ist das gleiche Manöver, das heute zuerst die vorgeschobenen Territorien und dann die Operationsbasen beseitigt und das dahin führt, eines Tages die einsame menschliche Entscheidung zugunsten einer absoluten Miniaturisierung des politischen Feldes, zugunsten der *Automatisierung* abzuschaffen.

Wenn zur Zeit des großen Friedrich *siegen bedeutete, zu avancieren*, so bedeutet es für die Vertreter der Abschreckung *zurückzuweichen* und die Orte, Völker und das Individuum dahin zu bringen, daß der dromologische Fortschritt einem Antrieb durch Reaktion zum Verwechseln ähnlich sieht, welcher sich der Schubkraft einer gewissen Bewegungsmenge verdankte, die von einer Masse durch eine Geschwindigkeit erzeugt wird - und zwar im gegenteiligen Sinn als man den Leuten vormacht.
In diesem *Krieg des Zurückweichens* zwischen Ost und West, der nicht mit der illusorischen Begrenzung der strategischen Rüstung, sondern eher mit der *Begrenzung der Strategie* selber einhergeht, dient die Macht der thermonuklearen Explosion dem künstlichen Horizont des Wettlaufes, der die Macht der vehikulären Implosion vergrößert. Die Unmöglichkeit, den Fortschritt der Durchdringungsmacht anders als durch einen *Glaubensakt* der Gegner zu unterbrechen, führt zu einer Negation von Strategie als *weiser*

Voraussicht. Der automatische Charakter nicht mehr nur der Waffen und Mittel, sondern auch der Befehlsgewalt, entspricht einer Negation der Urteilsfähigkeit - *nicht raisonniren!** Die Perfektion des Befehls Friedrich II. wird mit der Abschreckung vollendet, die dahin führt, nicht nur die Freiheit des Handelns und der Entscheidung einzuschränken, sondern auch die Freiheit der Planung, da die Logik der Waffensysteme den militärischen Kadern immer mehr entgleitet, um sich auf den für Forschung und Entwicklung verantwortlichen Ingenieur zu übertragen und offensichtlich das Sichselbstgenügen des Systems zu erwarten.
Alexandre Sanguinetti schrieb vor zwei Jahren: "Es wird immer unbegreiflicher, daß Kampfflugzeuge konstruiert werden, die inklusive Ersatzteilen mehrere Milliarden alte Francs kosten,um Bomben zu transportieren, die einen Landbahnhof zerstören können - *das Verhältnis von Kosten und Wirksamkeit ist nicht mehr gegeben*." Diese Logik des praktischen Krieges, in der die Kosten eines (Luft-)Vektors durch die Notwendigkeit des Transportes einer taktischen Atombewaffnung automatisch eine Erweiterung seiner Zerstörungskapazität zur Folge haben, ist nicht auf das Angriffsflugzeug reduziert: sie wird auch zur Logik des Staatsapparates. Diese Rückentwicklung ist eine logistische Konsequenz der Produktion von Trägern für Destruktionsmittel:*die Gefahr der Atomwaffen und des Waffensystems, das sie nach sich ziehen, liegt nicht so sehr darin, daß sie explodieren, als daß sie existieren und in den Köpfen der Leute implodieren*.

---

* im Original deutsch

Fassen wir dieses Phänomen zusammen:

- Zwei Bomben unterbrechen den Krieg im Pazifik und einige Dutzend von Atom-U-Booten genügen, die friedliche Koexistenz zu sichern...

  Das ist der *numerische* Aspekt.

- Seit dem Aufkommen von thermonuklearen Raketensprengköpfen und dem Fortschreiten der taktischen Atombewaffnung kann man eine Verringerung der explosiven Munition beobachten...

  Das ist der *volumetrische* Aspekt.

- Nachdem man die Erdoberfläche von der sperrigen defensiven Ausrüstung befreit hatte, indem man die strategischen Waffen unter die Erde und unter den Meeresspiegel verlegte, verlor man die Ausdehnung der Erde, indem man auch die sichtbaren Punkte und vorgeschobenen Basen verringerte...

  Das ist der *geographische* Aspekt.

- Die früher für die Operationen Verantwortlichen, die alten Kriegschefs, Strategen und anderen Generäle sehen sich zugunsten des einzigen Staatschefs degradiert und auf verschiedene Nachschubpositionen verbannt...

  Das ist der *politische* Aspekt.

Aber mit dieser quantitativen und qualitativen Verknappung hört es nicht auf, es beginnt auch an Zeit zu mangeln:

- Beständig gesteigert, sehen sich die bereits weitestgehend Überschallgeschwindigkeiten erreichenden Vektoren durch jene hohen Energien überholt, die eine Annäherung an die Lichtgeschwindigkeit erlauben...

Das ist der *raum-zeitliche* Aspekt.

Nach einer Zeit der politischen Relativität des Staates als nicht leitende Scheidewand fehlt es der Politik der Relativität an Zeit. *Das totale Entladen*, das Clausewitz befürchtete, wird mit dem Staat des Beschleunigungszustandes erzeugt;die Gewalt der Geschwindigkeit ist gleichzeitig zum Ort und zum Gesetz, zum Zweck und zur Bestimmung der Welt geworden.

September 1977.

(1) Alfred Wegener, "Die Entstehung der Kontinente und Ozeane" Theorie der kontinentalen Verschiebungen, Braunschweig, [4]1961.

(2) In den Begriffen der Kontrolle ist die Bedeutung dieser Zeit eine Funktion des Zeitfeldes in dessen Innerem Ortung, Entscheidung und Aktion einsetzen.

(3) Das Atom-U-Boot S.N.L.E. (sous-marin nucléaire lance-engins) verfügt ganz allein über eine Destruktionskraft, die der aller im zweiten Weltkrieg gebrauchten äquivalent ist.